JN301928

つま先から編む、
かんたん、かわいいくつ下
大内いづみ

2

はじめに

海外では「ソックニッター」といって、くつ下だけを編む人もいるほど、
くつ下は奥深く人気のアイテムです。
日本で主流なのは、履き口からつま先に向かって編む方法ですが、
この本では海外で生まれた新しい編み方、「つま先から編む」方法に注目！

ご紹介するテクニックはおもに2つ。
ひとつは、Judy Beckerさんが編み出した
"Judy's Magic Cast-On"という作り目から編み始める方法です。
かかとはいくつも種類がありますが、ここではガセットヒールという方法に絞りました。
もうひとつは、日本の引き返し編みに似た仕上がりの、ショートロウという方法です。
つま先もかかとも同じ方法で編みます。
どちらも覚えてしまえば意外にシンプル！

棒針の代わりに輪針を2本使って編むなど、
慣れるまでは少し時間がかかるかもしれませんが、
この方法をマスターすれば、くつ下のバリエーションが無限に広がります。
この本でくつ下ニッティングの魅力に触れて、ぜひ楽しみを広げてください。

最後に、この本の制作にあたり協力してくださったJudy Beckerさん、
Jeny Staimanさんに心より感謝します。

大内いづみ

♪ Contents

a b c d e f g h

はじめに　2

この本で紹介するのは「つま先から編むくつ下」!　6
　「つま先から編む」方法は、こんなにいいことがあります!　7
　くつ下を編むのに必要な用具はこれだけ!　8
　くつ下に向く糸で編みましょう　9
　サイズ通りに仕上げるためにゲージをはかりましょう　10
　くつ下のサイズ調整について　11

Step 01

編んでみましょう　「Judy式作り目+ガセットヒール」のくつ下　12
　Judy式作り目〜つま先　13　　甲まわり・ガセットパート　16
　かかとの仕上げ　17　　履き口まで・履き口　18
　目を止める　19　　おさらい　20

「Judy式作り目+ガセットヒール」のくつ下バリエーション　22
　a　水色の斜め模様編みくつ下　26 ……編み方 28
　b　ウェーブ透かし模様のくつ下　30 ……編み方 32
　c　かのこゴム編みのくつ下　31 ……編み方 34
　d　幾何学模様の黒白くつ下　36 ……編み方 38
　e　すべり目模様のくつ下　37 ……編み方 40
　f　模様糸のボーダーくつ下　42 ……編み方 44
　g　ナチュラル色の透かし模様くつ下　43 ……編み方 46
　h　マルチカラーのメリヤスくつ下　48 ……編み方 50
　i　葉っぱ模様の透かし編みくつ下　52 ……編み方 54
　j　クロス模様のマニッシュなくつ下　56 ……編み方 58

Step02

編んでみましょう 「ショートロウのつま先＋かかと」のくつ下　66

作り目〜つま先　　　　67
甲まわり・かかと　　　70
履き口まで・履き口　　72
目を止める　　　　　　73
おさらい　　　　　　　74

「ショートロウのつま先＋かかと」のくつ下バリエーション　76

k ビビッドな色のボーダーくつ下　　　78……編み方80
l 枝模様の透かし編み靴下　　　　　　82……編み方84
m 色違いの色切り替えくつ下　　　　　86……編み方88

おまけ column かわいいルームソックスアレンジ　60
　　　　　　　編み方　　　　　　　　　　　62
　　　　　　　知っておきたい仕上げのこと　64

棒針編みの基礎　　　90

この本で紹介するのは「つま先から編むくつ下」!

この本では、つま先から編む方法を2タイプご紹介します。ひとつは「Judy式作り目＋ガセットヒール」。もうひとつは、「ショートロウつま先＋かかと」の編み方。聞き慣れないかもしれませんが、編み方はいたってシンプルです。

Step 01
Judy式作り目＋ガセットヒール

つま先は「Judy式作り目（Judy's Magic Cast-On）」で編み始め、かかとは増し目をしながら編むガセット（マチ）＋減らし目のセットで編む「ガセットヒール」で仕上げます。仕組みを理解できると、すごく簡単！

▶詳しい編み方はP12

Step 02
ショートロウつま先＋かかと

仕上がりは日本の引き返し編みとほとんど同じですが、編み方がちょっと変わっています。Step01よりも少し複雑ですが、こちらも慣れればスムーズ。足の形によりフィットしたシルエットになります。

▶詳しい編み方はP66

> 「つま先から編む」方法は、こんなにいいことがあります！

つま先から編むと簡単！

履き口から編むと、どうしてもつま先をとじたり、はいだりするプロセスが必要ですが、つま先から編み始める方法なら、それが不要。特にStep01は増し目と減らし目さえわかえれば簡単に編むことができます。もっといろんなデザインを編んでみたいという方は、Step02の引き返し編みにも挑戦してみてください。編めるようになると、幅がグンと広がりますよ。

サイズの調整がしやすい

シンプルなメリヤス編みなら、甲の幅に合わせてサイズの調整がしやすいのも特徴。また、途中で履いてみて、甲部分の長さや履き口までの丈を確認しながら進めることができるので、編んでいる途中でも、ある程度自由に長さを調整できます。

つま先の内側がごろごろしない

履き口から編むとつま先にはぎ目ができるので、履いたときに当たるのが気になりますが、この本で紹介する編み方なら、はぎ目がないので履き心地もスムーズです。

> くつ下を編むのに
> 必要な用具はこれだけ！

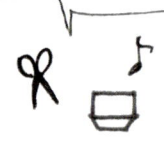

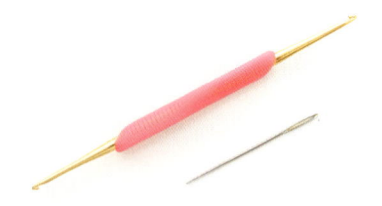

輪針

つま先から編む方法では、輪針を2本使います。2本で編むと、段の始まりがわかりやすく、かかとの往復編みもしやすいなどのメリットがあります。長さは50cmくらいが使いやすく、編み目を移動する際に引っかからないように、針とコードの部分のつなぎ目になるべく段差のないタイプがおすすめです。

かぎ針・とじ針

かぎ針は作り目や編み目を止めるときに、とじ針は編み目を止めるときや、糸始末のときに必要になります。毛糸の太さに合ったものを選びましょう。

あると便利！

編み始めの目にマークをしたり、段数の目印にしたりするのに便利なのが、段目リング。目数段数のカウントがラクになります。

針の太さを確認できるスケール。たくさん針を持っている人はこれがあると便利！

くつ下に向く糸で編みましょう

この本で使った糸はこの3つ

A　コロポックル・コロポックル〈マルチカラー〉

中細よりやや太めの仕立てでニット小物に最適。

ウール40％、アクリル30％、ナイロン30％　25g玉巻（約92m）　コロポックル 20色、コロポックル〈マルチカラー〉6色　棒針3～4号、かぎ針3/0号

B　ナイフメーラ

イタリア製の段染め糸。編むときれいな幾何学模様ができるものもある。

ウール42％、コットン45％、ナイロン13％　50g玉巻（約150m）　20色　棒針4～5号、かぎ針4/0号

C　Opal

ドイツ製のくつ下専用の糸。単色のuni、ミックストーンのフンデルトヴァッサーなど、たくさんのシリーズがある。

スーパーウォッシュウール75％、ナイロン25％　100g玉巻（約425m）　棒針2.5mm（国内サイズ1号：2.4mm）

細めの糸がおすすめ

並太などの太い糸ほど編むのは簡単ですが、どうしても編み地が厚くなってしまいます。目数、段数が多くなるので、編むのはちょっと時間がかかりますが、できたら中細程度の糸がおすすめ。編み地も薄くスマートな印象に仕上がります。

ナイロン混紡を選んで

くつ下は耐久性も大切です。ウール100％のものよりも、ナイロン混紡のほうが擦れに強く、編み地の耐久性は上。洗濯もラクで、縮みにくいのもメリットです。

糸の問い合わせ先

A　ハマナカ株式会社
【京都本社】
〒616-8585　京都市右京区花園薮ノ下町2番地の3
Tel. 075-463-5151(代)　Fax. 075-463-5159
【東京支店】
〒103-0007　東京都中央区日本橋浜町1丁目11番10号
Tel. 03-3864-5151(代)　Fax. 03-3864-5150
ホームページ http://www.hamanaka.co.jp
e-mailアドレス iweb@hamanaka.co.jp

B　内藤商事株式会社
〒124-0012
東京都葛飾区立石8丁目43番13号クラフトセンター
Tel.03-5671-7190　Fax. 03-3694-7168
ホームページ http://www.naitoshoji.co.jp

C　近畿編針株式会社 通信販売グループ
　　（竹あみ針と手芸用品のお店 趣芸）
〒630-0101　奈良県生駒市高山町4368番地
Tel. 0743-78-1119　Fax. 0743-78-1181
ホームページ http://www.rakuten.co.jp/ka-syugei/
e-mailアドレス ka-syugei@amibari.jp

左はナイフメーラ、右のカラー部分はOpalのフンデルトヴァッサー。メリヤスに編むだけで模様になる糸です。どんな編み地になるかは、編んでのお楽しみ！

サイズ通りに仕上げるために ゲージをはかりましょう

試し編みをして ゲージをはかります

くつ下を編み始める前に、まずやっておきたいのがゲージをはかること。ゲージとは、編み目の大きさがわかる目安で、10cm角の編み地の中の目数と段数を表します。作品と同じサイズ、風合いに編むためにも、まず試し編みをしてゲージをはかり、編み方ページに表示されているゲージにそろえることが大切です。

ゲージのはかり方

作品と同じ糸、同じ号数の針で15〜20cm角くらいの編み地を作ります。編み地の中央10cm角部分の目数、段数をカウントし、表示のゲージよりも目数、段数が多ければ、編み目がきついということ。この場合は少しゆるめに編むか、針の号数を1号太いものに替えましょう。ゲージよりも目数、段数が少ないときは、編み目がゆるいので、少しきつめに編むか、針を1号細いものに替えます。

ゲージは毛糸のラベルに表示されている場合もあります。

同じ目数、段数を同じ糸で編んでいますが、上は針が下より太いので、そのぶん少し大きめになります。このように、針の太さを替えることで、微妙なサイズ調整が簡単にできます。

くつ下のサイズ調整について

ゆるっと履きたい、少し小さめにしたい、同じ糸でメンズサイズを編みたい…。この本で紹介するくつ下はレディースサイズを基本にしていますが、ある程度のサイズ調整は可能です。ここではその方法を簡単にご説明します。

※説明はメリヤス編みの場合。本体に模様編みが入る場合は、模様編みのセット（○目○段＝1模様）に合わせた増減が必要になるので、計算してから調整しましょう。

1 全体的に大きくしたいとき

左ページでも触れているとおり、同じ目数、段数でも針の太さを替えると、編み地の大小を調整することができます。ただし、針を細くすればサイズは少し小さくなりますが、編み目もキュッと詰まった感じになり、太い針にして編み地を大きくすると、少しざっくりした風合いに。また、大幅なサイズ変更はむずかしいので注意して。

2 甲まわりのサイズを変えたいとき

甲まわり(a)×0.9でゲージ計算し、出た目数にいちばん近い4の倍数にします。

3 長さを変えたいとき

Step01、02とも目数の増減がないbの段数を増減して調整します。試し履きをしながら長さを決めてもOK。

4 丈を変えたいとき

Step01、02とも目数の増減がないcの段数を増減して調整します。丈も試し履きをしながら自由に調整できます。

Step01 Judy式作り目＋ガセットヒール

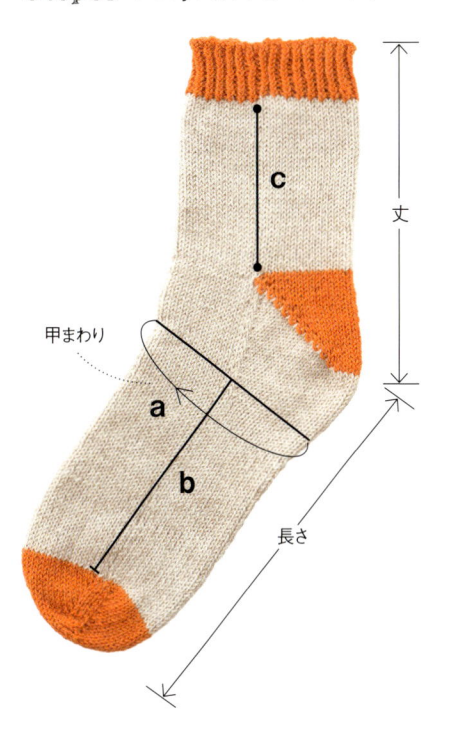

Step02 ショートロウつま先＋かかと

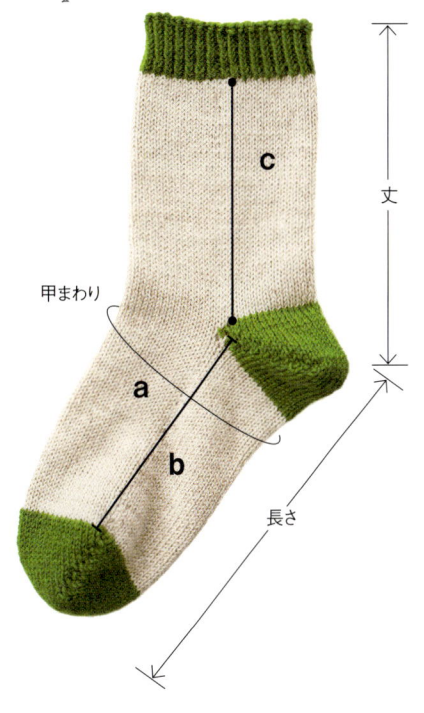

Step01

「Judy式作り目+ガセットヒール」のくつ下

編んでみましょう

欧米で「Judy's Magic Cast-On」という呼び名で知られている作り目で編み始め、かかとの部分は増し目+減らし目で作るシンプルな方法、「ガセットヒール」で編みます。この方法は、くつ下編みビギナーでも、手順通り編んでいけば簡単に作れます。引き返し編みが苦手、という方にもおすすめです!

ガセットヒール
かかとは増し目で編むガセット(マチ)パート+減らし目パートのセットで編みます。見た目もきれいに仕上がります。

Judy式作り目
2本の針に交互に糸を巻きつけて作る作り目。簡単にわに編み始めることができ、とじる必要がないので、履いたときにつま先がごろつきません。

前　　　　後ろ

丈 18.5cm

甲まわり 20cm

長さ 22〜23cm

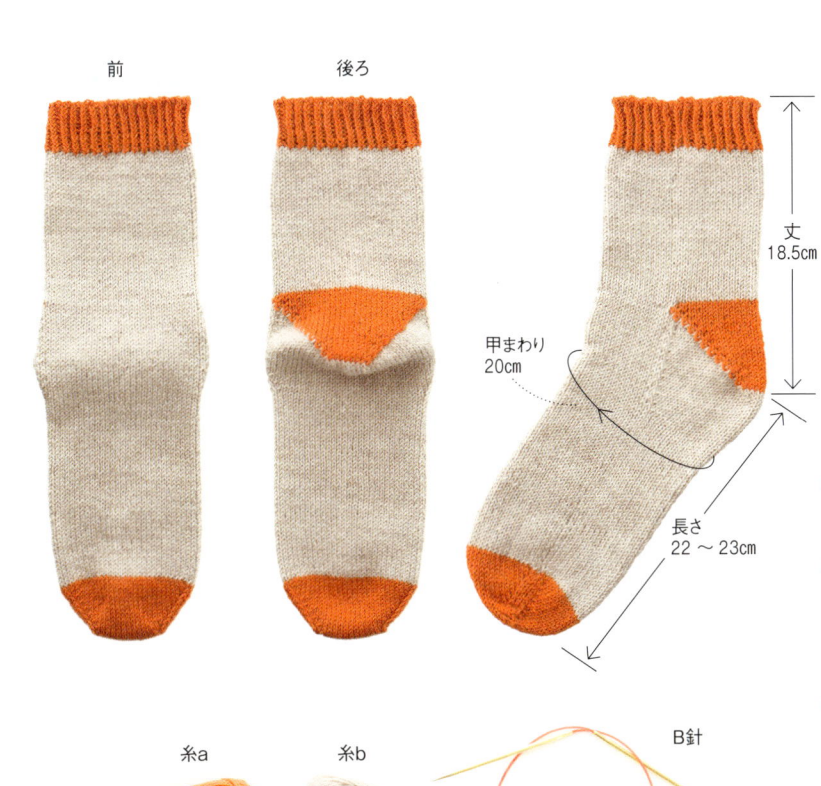

ゲージ
メリヤス編み10cm角＝29目×39段

仕上がりサイズ
甲まわり20×長さ22〜23×丈18.5cm

材料
糸a：コロポックル col.6（オレンジ色）25g　糸b：コロポックル col.2（ベージュ）50g

用具
輪針3.0mm（40cm以上）2本、とじ針

※説明でわかりやすくするため、輪針は色の違うものを使っています

糸a　　糸b

B針　　A針

A針　　B針

📖 Judy式作り目〜目を増やしながらつま先を編む

※Judy式作り目はP90参照。目を見やすくするため、途中まで色の違う糸で編んでいます

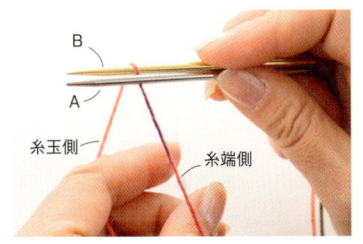

B　A　糸玉側　糸端側

糸端側　糸玉側

糸端側　糸玉側

1 A針とB針をそろえて持ち、糸端側の糸を約30cm残してB針だけに糸aをかける。

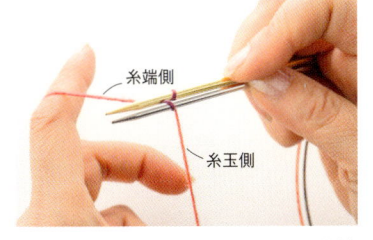

2 針の下で2本の糸をねじり、糸端側を人差し指、糸玉側を親指にかける。糸端側の糸を手前からA針にかけて、2本の針の間に通す。両方の針に1目ずつできる。

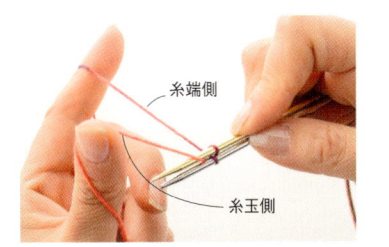

3 続けて糸玉側の糸を下から2本の針の間に通し、B針にかける。

Step01

4 2と同様に糸端側の糸をA針にかけて、2本の針の間を通す。

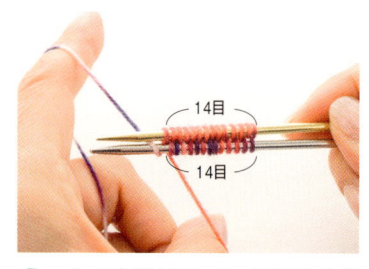

5 3、4を繰り返して、AB両方の針に14目ずつ(計28目)かける。

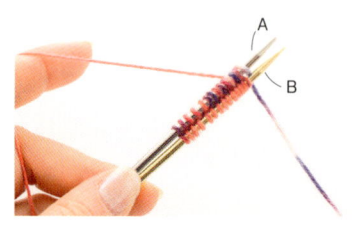

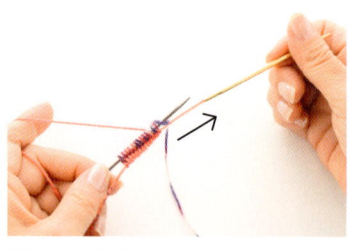

6 針の向きを反対に持ち替え、A針を上側にする。端の糸がほどけないようにしっかりホールドして。

7 B針を右に引いて、目をコードに移しておく。

8 B針は休めておき、A針で1段表目(P91)を編む。

9 A針の目を1段(14目)表目に編んだところ。

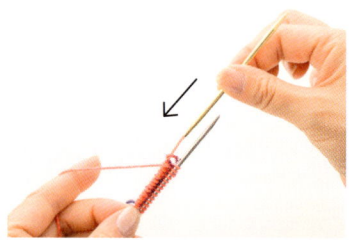

10 針の向きを反対に持ち替えてA針を下側にする。7で移したコードの目をB針のお尻から針に戻す。

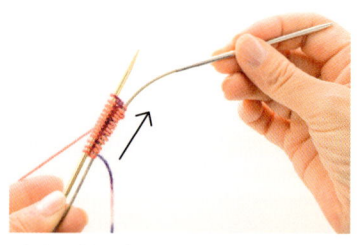

11 A針を右に引いて、目をコードに移す。

12 A針は休めておき、B針で1段表目を編む。

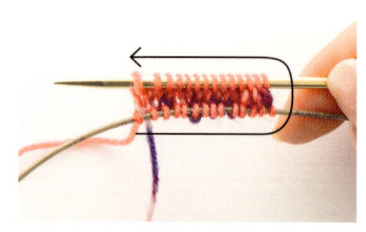

13 つま先の1段目が1周編めたところ。このように、わで編むときはA針、B針交互に編む。

14 2段めからは増し目をする。針の向きを反対に持ち替えてB針の目をコードに移し、A針の目を編む。端の1目は表目を編む。

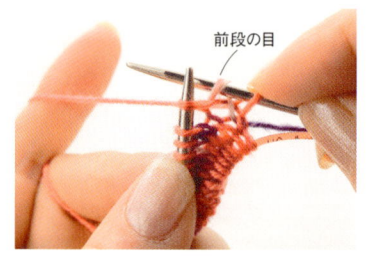

15 次の目の前段の目に、手前から右の針を入れて引き上げる。

16 15で拾った目を表目に編む。

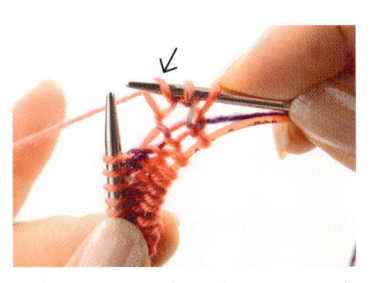

17 左針の目を表目に編む。これで右側1目増えた状態(右増し目・P93)。

18 そのまま最後の目の1目手前まで表目を編む。

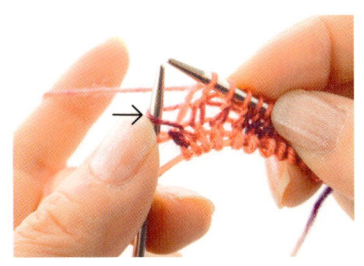

19 段の左側でも同様に増し目をする。右針で編み終わった目の1段下の目に左針を入れる。

20 19で拾った目を表目に編む。これで左側1目増えた状態(左増し目・P93)。続いて残りの1目を表目に編む。

21 B針の目もA針同様に、14〜20を繰り返して左右1目ずつ増し目をしながら編む。2段めを1周編み、両方の針の目が16目ずつになる。

16目
16目

22 3段めはA針、B針とも増し目なしで表目を1周編む。

23 偶数段は14〜21を繰り返して両針の左右で1目ずつ、計4目増し目、奇数段は増し目なしの表目を編む。

24 だんだんつま先の形になってくる。

片針30目ずつ

25 16段めまで編んで、ABの両針に30目ずつ、計60目にする。これでつま先のでき上がり。

📖 甲まわりを編む

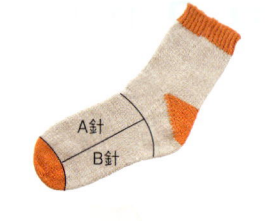

1 糸bに替えて、AB両方の針の目をぐるっと表目で編む。

2 増減なしのメリヤス編み(P95)で、AB交互にわに編む。

3 糸bで48段、甲まわりを編む。

📖 ガセットパートを編む

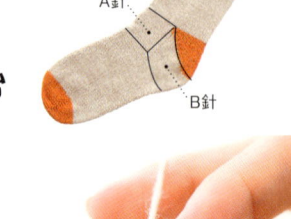

1 A針はそのまま30目表目を編む。B針の左右で増し目をしてマチ部分を作る。端の1目は表目を編み、次の目の前段の目を手前から拾う。

2 1で拾った目を表目に編む。

3 次の目も表目に編み、1目増やす（右増し目）。

4 そのまま最後の目の1目手前まで表目を編み、編み終わった目の1段下の目を拾って増し目を編む（左増し目）。B針の目が2目増える。

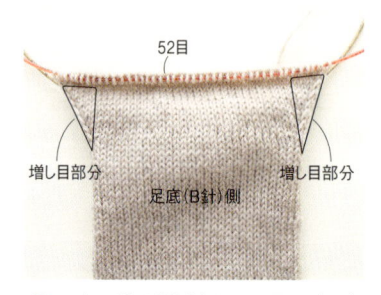

5 次の段は増減なしで1周、表目をわに編む。B針のみ、1～4同様に奇数段の両端で1目ずつ増し目をしながら、21段わに編む。B針側は最終的に52目になる。

6 A針は甲側になり、増し目なしで30目のまま。

📖 減らし目パートを編み、かかとを仕上げる

1. A針は糸bで表目を1段編み、コードにスライドして休める。B針は糸aに替えて表目を29目編む。

2. 次の2目を右上2目一度(P92)で編む。

3. 表目を1目編んで裏に返す。減らし目パートはB針で往復に編む。

4. 糸を手前にしてすべり目(P91)1目、裏目(P91)7目を編み、次の2目を裏目左上2目一度(P92)で編む。

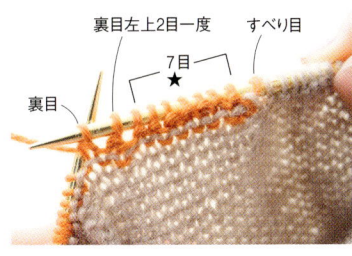

5. 次の1目は裏目に編む。

6. 表に返し、すべり目1目、表目8目、右上2目一度を編む。

7. もう1目表目を編む。

8. 裏に返し、糸を手前にしてすべり目1目、裏目9目を編む。

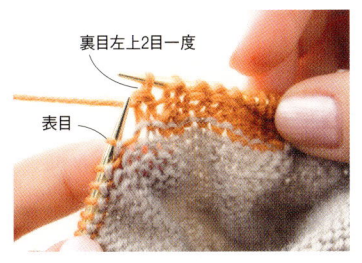

9. 次の2目を裏目左上2目一度(P92)、次の目を裏目で編み、表に返す。

10. すべり目と2目一度の間の目(赤字部分・5、7の★)を1目ずつ増やしながら、6〜9の往復編みを9回繰り返す。

11. ガセットパートで52目に増えたB針の目は30目に戻る。

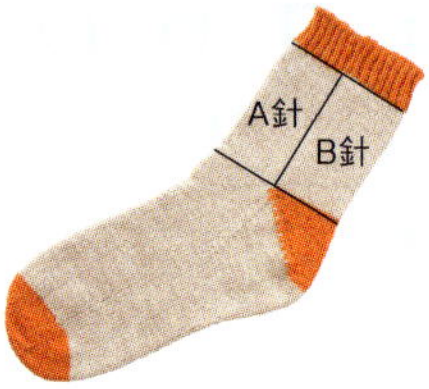

📖 履き口までを編む

1. A針に休めていた糸bでB針の30目を表目に編む。 
2. 続けてA針の目を表目に編む。 
3. 増減なしでA針30目、B針30目を続けてわに編み、38段めまで編む。

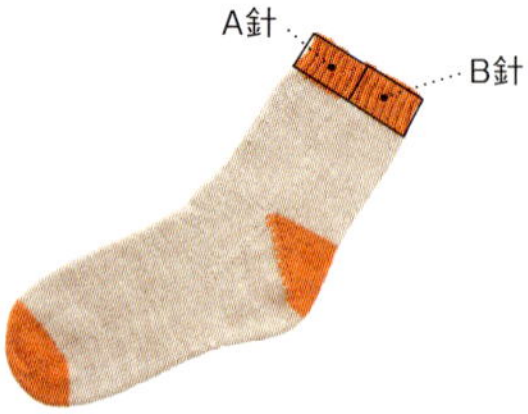

📖 履き口を編む

1. 糸aに替え、1段表目を編む。2段めからねじり1目ゴム編み(P95)を編む。表目は向こう側の半目に右針を入れる。
2. そのまま表目を編む。編んだ目はねじり目(P91)になる。 
3. 裏目、ねじり表目、裏目、ねじり表目と交互に編む。 
4. ねじり1目ゴム編みを10段編む。

📖 縫い止め（Sewn Bind Off）で目を止める

※縫い止めはP94参照

1　<u>止める長さの約3倍残して糸を切り</u>、とじ針に通す。A針の1、2の目に右からとじ針を通して糸を引き出す（<u>編み目は針からはずさない</u>）。

2　1の目に左側からとじ針を通す。

3　1の目をA針からはずす。

4　2、3の目に右からとじ針を通して引き出し、2の目に左側からとじ針を通して針からはずす。以降は 1～3 同様に繰り返して目を止める。

5　1目ずつ目を止めていく。<u>糸は締めすぎると履き口がきつくなるので</u>、注意して。

6　B針まで1周して目を止める。最後は最初の目にとじ針を通して裏側に出し、糸始末して完成。

> 縫い止め
> （Sewn Bind Off）とは…

単純な繰り返しで表目、裏目を気にせず止めていけるので、日本の一般的なゴム編み止めよりも簡単。伸縮性もあるので、くつ下の履き口の目を止めるにはおすすめの方法です。ゴム編み以外の編み地でもOK！

※目の止め方は縫い止め、Jeny式伏せ止め（P73）のどちらでも、お好みの方法でOKです

おさらい

P13～19のプロセスをチャートにまとめました。このチャートや図を見ながらおさらいしてみましょう。

※減らし目パート以外はA針、B針交互にわに編む

		A針	目数	B針	目数	総目数
	作り目	糸a、Judy式作り目で14目	14	糸a、Judy式作り目で14目	14	28
つま先 (糸a)	1段め	①〈すべて表目〉	14	A針と同じ内容を続けてわに編む	14	28
	2段め	②〈表目1目、右増し目、最後の1目手前まで表目、左増し目、表目1目〉	16		16	32
	3～16段め	①、②の2段1セットを7回繰り返す	16～30		16～30	32～60
甲まわり (糸b)	1段め～48段め	糸bで増減なしのメリヤス編みをわに編む	↓ 30	続けてメリヤス編みをわに編む	↓ 30	↓ 60
かかと (ガセットパート) (糸b)	1段め	甲まわりに続けて増減なしのメリヤス編みを編む	30	③〈表目1目、右増し目、最後の1目手前まで表目、左増し目、表目1目〉	32	62
	2段め			④〈すべて表目〉	32	62
	3段め～20段め			③、④の2段1セットを9回繰り返す	34～50	64～80
	21段め		↓	③をもう一度編む	52	82
かかと (減らし目パート) (糸a)	1段め	すべて表目に編む(糸b)	30	表目29目、右上2目一度、表目1目→裏に返す	51	81
	2段め	ここから目を休める(B針のみで編む)		⑤〈すべり目1目、裏目7目、裏目左上2目一度、裏目1目→表に返す〉	50	80
	3段め			⑥〈すべり目1目、表目8目、右上2目一度、表目1目→裏に返す〉	49	79
	4段め～21段め			⑤、⑥の2段1セットで赤字部分を1目ずつ増やしながら往復編みを9回繰り返す	48～31	78～61
	22段め			すべり目1目、裏目27目、裏目左上2目一度、裏目1目→表に返す	30	60
足首上 (糸b)	1段め			糸bに替えてメリヤス編みを編む	30	60
	2～38段め	休める前に続けて、糸bで増減なしのメリヤス編みをわに編む	30	メリヤス編みを続けてわに編む	30	60
はき口 (糸a)	1段め	糸aですべて表目に編む	30	表目を続けてわに編む	30	60
	2～11段め	ねじり1目ゴム編み(ねじり表目1目＋裏目1目)を編む	30	ねじり1目ゴム編みを続けてわに編む	30	60
	目を止める	縫い止めで目を止める				60

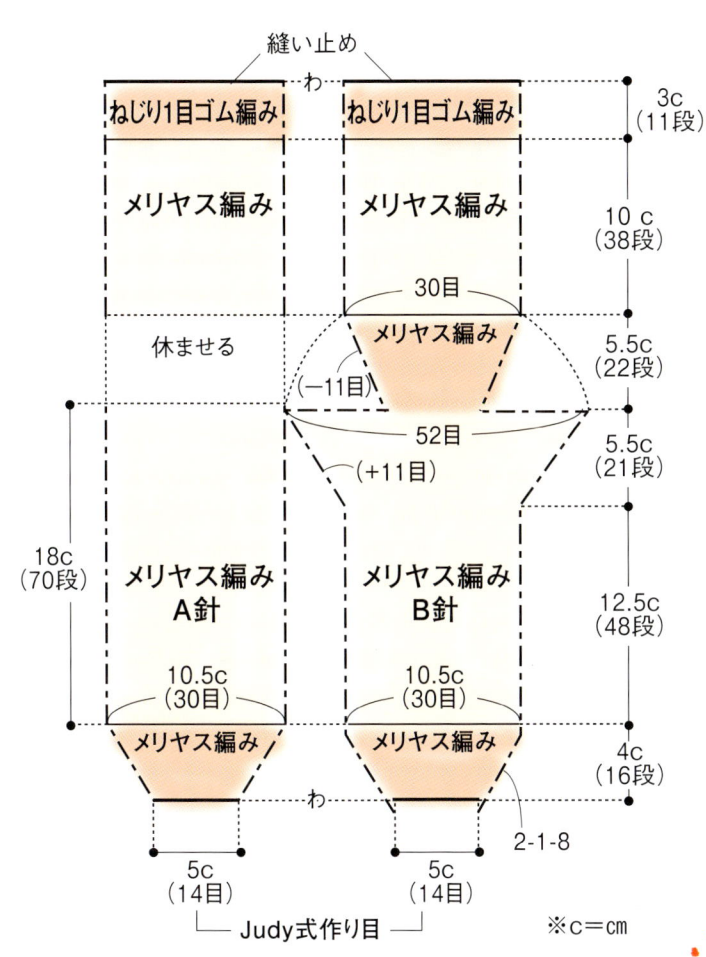

編み方のポイント
（糸は1本どりで編みます）

1. 糸a、Judy式作り目で28目（A針、B針に14目ずつ）作り、増し目をしながら16段つま先を編む。

2. 糸bに替えて、A針（甲側）、B針（底側）続けてメリヤス編みをわに編む。48段増減なしでわに編んだら、B針は増し目をしながらガセットパートを編む。

3. A針は1段編んで目を休ませ、糸a、B針で減らし目パートを往復に編む。

4. 続けて糸b、A、B針でメリヤス編みを38段わに編む。

5. 糸aで履き口を編む。1段表目を編んでから、ねじり1目ゴム編みで10段編み、縫い止めで止める。

サイズ調整のこと…P11
仕上げのこと…P64
をご覧ください！

Step01 variation

「Judy式作り目+ガセットヒール」のくつ下バリエーション

a
水色の
斜め模様編みくつ下
➡ P26

b
ウェーブ
透かし模様のくつ下
➡ P30

c
かのこゴム編みのくつ下
➡ P31

つま先とかかとの編み方は、Step 01のくつ下と同じ。
色の組み合わせや模様で、いろんなバリエーションを楽しみましょう。

d
幾何学模様の黒白くつ下
➡ **P36**

e
すべり目模様のくつ下
➡ **P37**

f
模様糸のボーダーくつ下
➡ **P42**

Step 01
variation

レディース

キッズ

g
ナチュラル色の
透かし模様くつ下
⇒ **P43**

h
マルチカラーのメリヤスくつ下
⇒ **P48**

レディース

ベビー

i
葉っぱ模様の透かし編みくつ下
⇨ P52

j
クロス模様のマニッシュなくつ下
⇨ P56

おまけ
ルームソックスアレンジ
⇨ P60

水色の斜め模様編みくつ下

メリヤス編みに裏目を配して斜めのラインをあしらったくつ下。
長めのデザインなので、くしゅっとさせてもかわいい！

編み方 ➡ P28　使用糸：コロボックル

履き口のガーター編みも
アクセント！

花柄ワンピース、ロングカーディガン／ともにVlas Blomme目黒店

27

a

水色の斜め模様編みくつ下

P26-27

材料
コロポックル col.21（水色）75g

用具
輪針3.0mm（40cm以上）2本、とじ針

ゲージ
メリヤス編み10cm角＝29目×39段

仕上がりサイズ
甲まわり20.5×長さ22〜23×丈21.5cm

編み方のポイント

1. Judy式作り目で28目作り、増し目しながら16段つま先を編む。
2. A針（甲側）は模様編み、B針（底側）はメリヤス編みで甲まわりを編む。50段増減なしでわに編んだら、B針は増し目をしながらガセットパートを編む。
3. A針は1段編んで目を休め、B針で減らし目パートを往復に編む。
4. 続けてA、B針で模様編みを54段、わに（A針側は休める前の模様編みに続けて）編む。
5. ガーター編み（P95参照）で11段履き口を編み、縫い止め、またはJeny式伏せ止めで止める。

[模様編み]

6目6段=1模様

□ = | 表目
※編み目記号の見方はP91

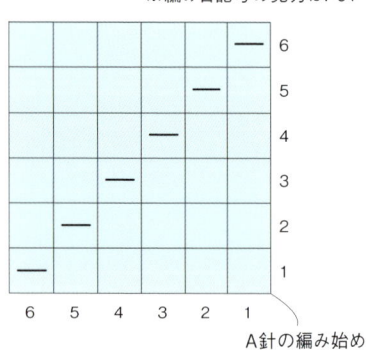

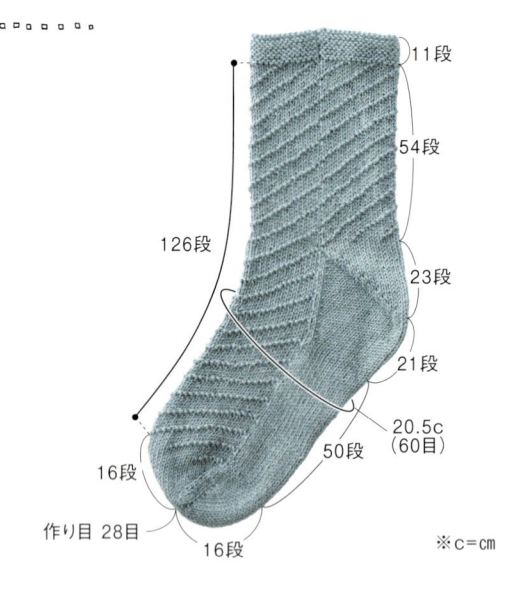

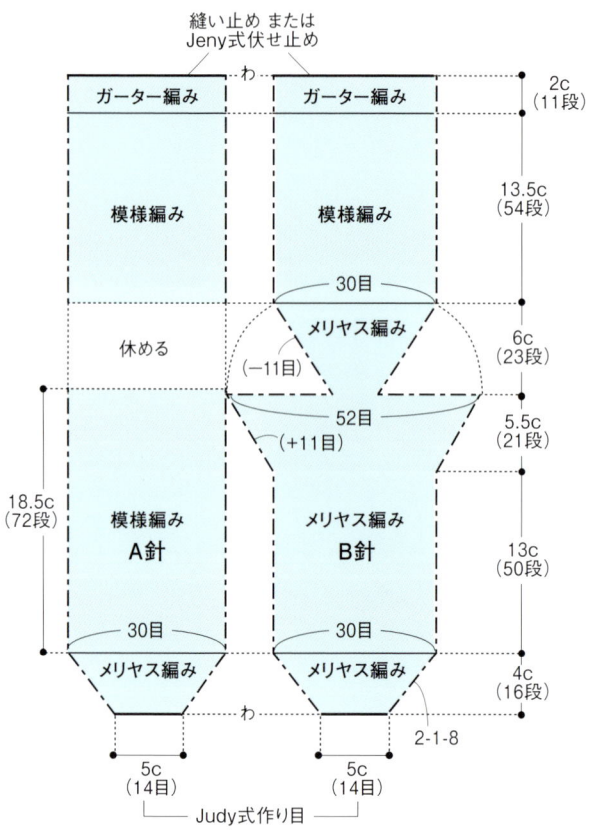

[編み方チャート]　減らし目パート以外はA針、B針交互に編む

		A針	目数	B針	目数	総目数
	作り目	Judy式作り目で14目	14	Judy式作り目で14目	14	28
つま先	1段め	①〈すべて表目〉	14	A針と同じ内容を、続けてわに編む	14	28
	2段め	②〈表目1目、右増し目、最後の1目手前まで表目、左増し目、表目1目〉	16		16	32
	3段め〜16段め	①、②の2段1セットを7回繰り返す	16〜30		16〜30	32〜60
甲まわり	1段め〜50段め	模様編み（6目1模様）を5回繰り返す　6段1セットで50段めまで編む	↓30	メリヤス編みを編む	↓30	↓60
かかと（ガセット）パート	1段め	甲まわりに続けて模様編みを編む	30	③〈表目1目、右増し目、最後の1目手前まで表目、左増し目、表目1目〉	32	62
	2段め			④〈すべて表目〉	32	62
	3段め〜20段め			③、④の2段1セットを9回繰り返す	34〜50	64〜80
	21段め	↓		③をもう一度編む	52	82
かかと（減らし目）パート	1段め	ガセットパートに続けて模様編みを編む	30	表目29目、右上2目一度、表目1目→裏に返す	51	81
	2段め	ここから目を休める（B針のみで編む）		⑤〈すべり目1目、裏目7目、裏左上2目一度、裏目1目→表に返す〉	50	80
	3段め			⑥〈すべり目1目、表目8目、右上2目一度、表目1目→裏に返す〉	49	79
	4段め〜21段め			⑤、⑥の2段1セットで赤字部分を1目ずつ増やしながら往復編みを9回繰り返す	48〜31	78〜61
	22段め			すべり目1目、裏目27目、裏左上2目一度、裏目1目→表に返す	30	60
	23段め			すべて表目で編む	30	60
足首上	1段め〜54段め	休める前に続けて模様編みを編む	30	模様編みを続けてわに編む	30	60
履き口	1段め〜11段め	ガーター編み（奇数段を裏目、偶数段を表目）で編む	30	ガーター編みを続けてわに編む	30	60
	目を止める	縫い止め、またはJeny式伏せ止めで目を止める				60

b

ウェーブ透かし模様のくつ下

柔らかいウェーブを描く模様がソフトな印象。
複雑そうに見えるけど、繰り返し模様なので覚えてしまえば簡単！

編み方 ➡ **P32**　使用糸：Opal Uni

ボーダースカート／Vlas Blomme目黒店　バスケット／CLASKA Gallery & Shop"DO"本店

パンツ／CLASKA Gallery & Shop"DO"本店

かのこゴム編みのくつ下

ゴム編みのメリヤス部分をかのこ編みにアレンジ。
オーソドックスで飽きのこないデザインです。

編み方 ➡ **P34**　使用糸：Opal Uni

b

ウェーブ透かし模様のくつ下 P30

材料
Opal Uni col.2620（ホワイト）60g

用具
輪針2.5mm（40cm以上）2本、とじ針

ゲージ
メリヤス編み10cm角＝32目×40段

仕上がりサイズ
甲まわり19×長さ22〜23×丈22cm

編み方のポイント ※糸は1本どりで編みます

1. Judy式作り目で28目作り、増し目しながら16段つま先を編む。
2. A針（甲側）は模様編み、B針（底側）はメリヤス編みで甲まわりを編む。50段増減なしでわに編んだら、B針は増し目をしながらガセットパートを編む。
3. A針は1段編んで目を休め、B針で減らし目パートを往復に編む。
4. 続けてA、B針で模様編みを54段わに（A針側は休める前の模様編みに続けて）編む。
5. ねじり1目ゴム編みで10段履き口をわに編み、縫い止め、またはJeny式伏せ止めで止める。

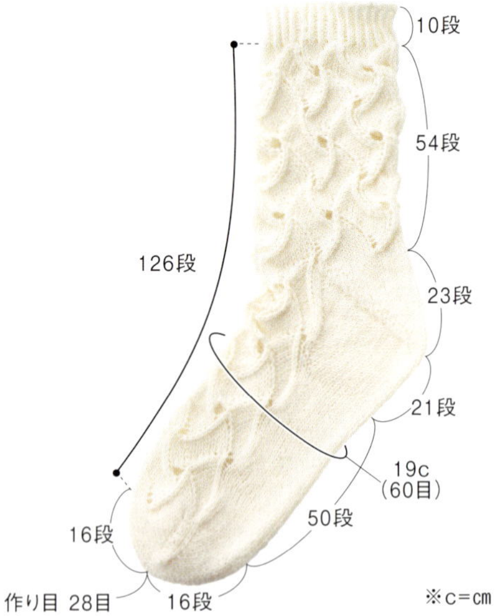

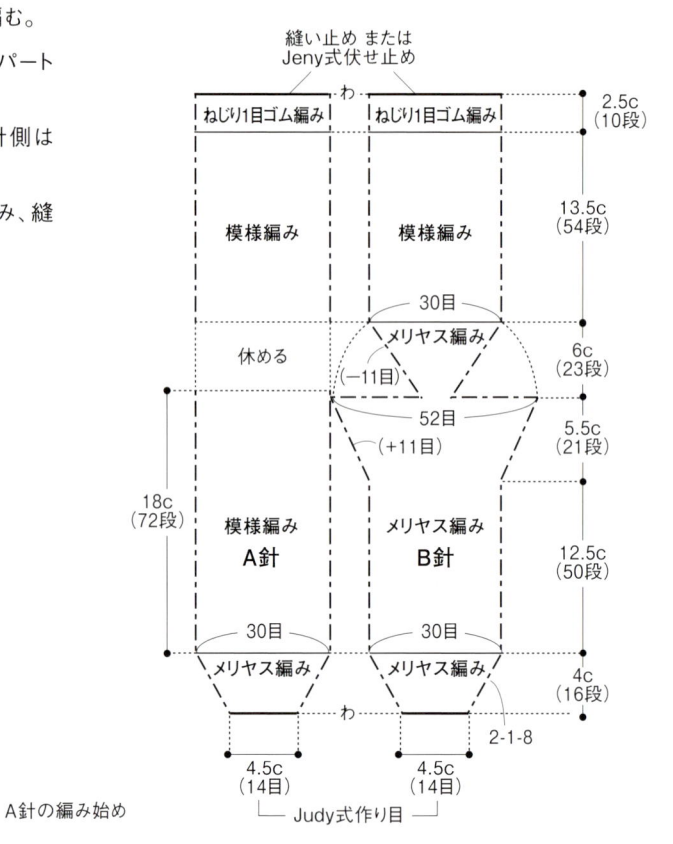

[模様編み]

10目18段=1模様

☐ = │ 表目

※編み目記号の見方はP91、92

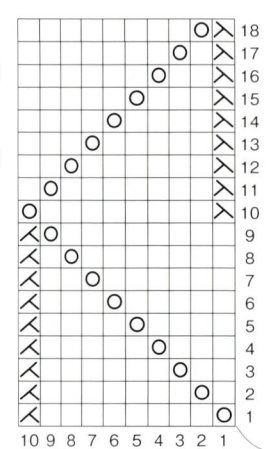

[編み方チャート] 減らし目パート以外はA針、B針交互に編む

		A針	目数	B針	目数	総目数
	作り目	Judy式作り目で14目	14	Judy式作り目で14目	14	28
つま先	1段め	①〈すべて表目〉	14	A針と同じ内容を、続けてわに編む	14	28
つま先	2段め	②〈表目1目、右増し目、最後の1目手前まで表目、左増し目、表目1目〉	16		16	32
つま先	3段め〜16段め	①、②の2段1セットを7回繰り返す	16〜30		16〜30	32〜60
甲まわり	1段め〜50段め	模様編み（10目1模様）を3回繰り返す 18段1セットで50段めまで編む	30	メリヤス編みを編む	30	60
かかと（ガセットパート）	1段め	甲まわりに続けて模様編みを編む	30	③〈表目1目、右増し目、最後の1目手前まで表目、左増し目、表目1目〉	32	62
かかと（ガセットパート）	2段め			④〈すべて表目〉	32	62
かかと（ガセットパート）	3段め〜20段め			③、④の2段1セットを9回繰り返す	34〜50	64〜80
かかと（ガセットパート）	21段め			③をもう一度編む	52	82
かかと（減らし目パート）	1段め	ガセットパートに続けて模様編みを編む	30	表目29目、右上2目一度、表目1目→裏に返す	51	81
かかと（減らし目パート）	2段め	ここから目を休める（B針のみで編む）		⑤〈すべり目1目、裏目7目、裏左上2目一度、裏目1目→表に返す〉	50	80
かかと（減らし目パート）	3段め			⑥〈すべり目1目、表目8目、右上2目一度、表目1目→裏に返す〉	49	79
かかと（減らし目パート）	4段め〜21段め			⑤、⑥の2段1セットで赤字部分を1目ずつ増やしながら往復編みを9回繰り返す	48〜31	78〜61
かかと（減らし目パート）	22段め			すべり目1目、裏目27目、裏左上2目一度、裏目1目→表に返す	30	60
かかと（減らし目パート）	23段め			すべて表目で編む	30	60
足首上	1段め〜54段め	休める前に続けて模様編みを編む	30	模様編みを続けてわに編む	30	60
履き口	1段め〜10段め	ねじり1目ゴム編み（ねじり表目1目、裏目1目）を編む	30	ねじり1目ゴム編みを続けてわに編む	30	60
	目を止める	縫い止め、またはJeny式伏せ止めで目を止める				60

かのこゴム編みのくつ下　　P31

材料
Opal Uni col.5196（バーガンディ）60g

用具
輪針2.5mm（40cm以上）2本、とじ針

ゲージ
メリヤス編み10cm角＝32目×40段

仕上がりサイズ
甲まわり17×長さ22～23×丈18cm

編み方のポイント　※糸は1本どりで編みます

1. Judy式作り目で28目作り、増し目しながら18段つま先を編む。
2. A針（甲側）は模様編み、B針（底側）はメリヤス編みで甲まわりを編む。46段増減なしでわに編んだら、B針は増し目をしながらガセットパートを編む。
3. A針は1段編んで目を休め、B針で減らし目パートを往復に編む。
4. 続けてA、B針で模様編みを40段わに（A針側は休める前の模様編みに続けて）編む。
5. 変わりゴム編みで10段履き口をわに編み、縫い止め、またはJeny式伏せ止めで止める。

[模様編み]

8目2段＝1模様

□ = | 表目

※編み目記号の見方はP91

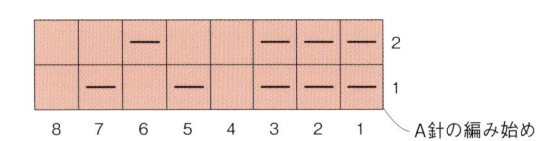

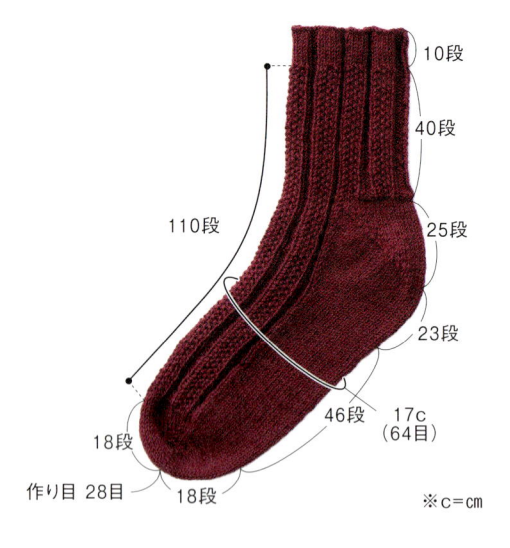

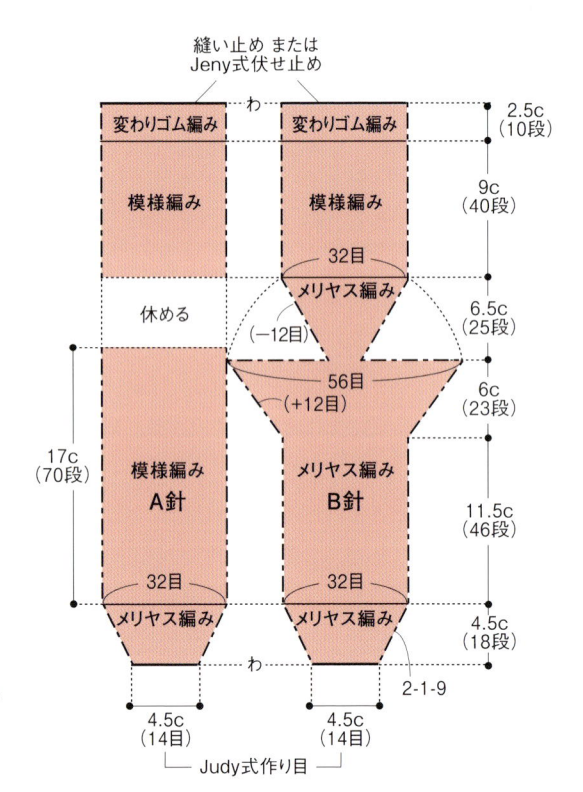

[編み方チャート] 減らし目パート以外はA針、B針交互に編む

		A針	目数	B針	目数	総目数
	作り目	Judy式作り目で14目	14	Judy式作り目で14目	14	28
つま先	1段め	①〈すべて表目〉	14	A針と同じ内容を、続けてわに編む	14	28
つま先	2段め	②〈表目1目、右増し目、最後の1目手前まで表目、左増し目、表目1目〉	16		16	32
つま先	3段め〜18段め	①、②の2段1セットを8回繰り返す	16〜32		16〜32	32〜64
甲まわり	1段め〜46段め	模様編み(8目1模様)を4回繰り返す 2段1セットで46段めまで編む	↓ 32	メリヤス編みを編む	↓ 32	↓ 64
かかと(ガセット)パート	1段め	甲まわりに続けて模様編みを編む	32	③〈表目1目、右増し目、最後の1目手前まで表目、左増し目、表目1目〉	34	66
かかと(ガセット)パート	2段め			④〈すべて表目〉	34	66
かかと(ガセット)パート	3段め〜22段め			③、④の2段1セットを10回繰り返す	36〜54	68〜86
かかと(ガセット)パート	23段め	↓		↓ ③をもう一度編む	56	88
かかと(減らし目)パート	1段め	ガセットパートに続けて模様編みを編む	32	表目31目、右上2目一度、表目1目→裏に返す	55	87
かかと(減らし目)パート	2段め	ここから目を休める(B針のみで編む)		⑤〈すべり目1目、裏目7目、裏左上2目一度、裏目1目→表に返す〉	54	86
かかと(減らし目)パート	3段め			⑥〈すべり目1目、表目8目、右上2目一度、表目1目→裏に返す〉	53	85
かかと(減らし目)パート	4段め〜23段め			⑤、⑥の2段1セットで赤字部分を1目ずつ増やしながら往復編みを10回繰り返す	52〜33	84〜65
かかと(減らし目)パート	24段め			すべり目1目、裏目29、裏左上2目一度、表目1目→表に返す	32	64
かかと(減らし目)パート	25段め			すべて表目で編む	32	64
足首上	1段め〜40段め	休める前に続けて模様編みを編む	32	模様編みを続けてわに編む	32	64
履き口	1段め〜10段め	変わりゴム編み(裏目3目+表目5目)を編む	32	変わりゴム編みを続けてわに編む	32	64
	目を止める	縫い止め、またはJeny式伏せ止めで目を止める				64

ワンピース／YARRA吉祥寺店

d

幾何学模様の黒白くつ下

足首から上だけに編み込み模様を配した大人色の靴下。
モノトーンのおさえた色合いが模様を引き立てます。

編み方 ➡ **P38**　使用糸：コロポックル

e

すべり目模様のくつ下

こげ茶のベースにラベンダー色の変わりボーダーが映えるデザイン。
いろんな配色で遊べそう。

編み方 ➡ **P40**　使用糸：Opal Uni

幾何学模様の黒白くつ下

P36

材料
糸a：コロポックル col.18（黒）50g
糸b：コロポックル col.1（オフ白）15g

用具
輪針3.0mm（40cm以上）2本、とじ針

ゲージ
メリヤス編み10cm角＝29目×39段

仕上がりサイズ
甲まわり19×長さ21.5～22.5×丈17.5cm

編み方のポイント　※糸は1本どりで編みます

1. 糸a、Judy式作り目で28目作り、増し目しながら14段つま先を編む。
2. A針（甲側）、B針（底側）続けて、メリヤス編みで甲まわりをわに編む。50段増減なしで編んだら、B針は増し目をしながらガセットパートを編む。
3. A針は1段編んで目を休め、B針で減らし目パートを往復に編む。
4. A、B針でメリヤス編みを糸b2段、糸a1段、わに編む。続けて糸a、bで編み込み模様を32段わに編み、糸a1段、糸b2段、メリヤス編みで編む。
5. 糸b、2目ゴム編みで10段履き口をわに編み、縫い止め、またはJeny式伏せ止めで止める。

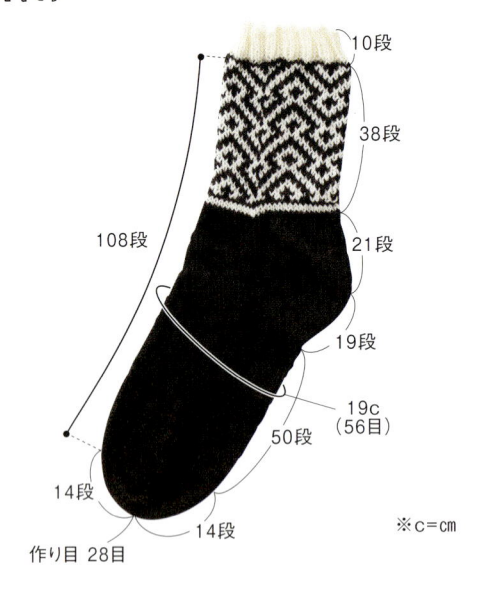

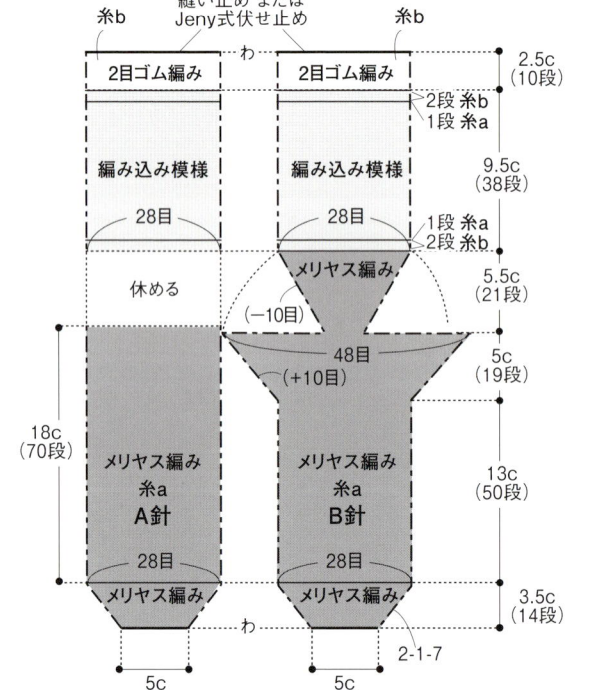

[編み込み模様] 14目8段＝1模様

□ ＝ 糸a　■ ＝ 糸b　│ 表目

※編み目記号の見方はP91、93

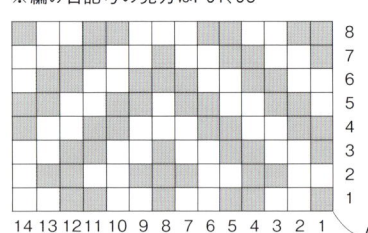

[編み方チャート] 減らし目パート以外はA針、B針交互に編む

		A針	目数	B針	目数	総目数
	作り目	糸a、Judy式作り目で14目	14	糸a、Judy式作り目で14目	14	28
つま先 (糸a)	1段め	①〈すべて表目〉	14	A針と同じ内容を、続けてわに編む	14	28
	2段め	②〈表目1目、右増し目、最後の1目手前まで表目、左増し目、表目1目〉	16		16	32
	3段め〜14段め	①、②の2段1セットを6回繰り返す	16〜28		16〜28	32〜56
甲まわり (糸a)	1段め〜50段め	増減なしのメリヤス編みを編む	↓ 28	メリヤス編みを続けてわに編む	↓ 28	↓ 56
かかと (ガセット) パート (糸a)	1段め	甲まわりに続けてメリヤス編みを編む	28	③〈表目1目、右増し目、最後の1目手前まで表目、左増し目、表目1目〉	30	58
	2段め			④〈すべて表目〉	30	58
	3段め〜18段め			③、④の2段1セットを8回繰り返す	32〜46	60〜74
	19段め	↓	↓	③をもう一度編む	48	76
かかと (減らし目) パート (糸a)	1段め	すべて表目に編む	28	表目27目、右上2目一度、表目1目→裏に返す	47	75
	2段め	ここから目を休める(B針のみで編む)		⑤〈すべり目1目、裏目7目、裏左上2目一度、裏目1目→表に返す〉	46	74
	3段め			⑥〈すべり目1目、表目8目、右上2目一度、表目1目→裏に返す〉	45	73
	4段め〜19段め			⑤、⑥の2段1セットで赤字部分を1目ずつ増やしながら往復編みを8回繰り返す	44〜29	72〜57
	20段め			すべり目1目、裏目25目、裏左上2目一度、裏目1目→表に返す	28	56
	21段め			すべて表目で編む	28	56
足首上 (糸a、b)	1段め〜2段め	糸bでメリヤス編みを編む	28	A針と同じ内容を、続けてわに編む	28	56
	3段め	糸aでメリヤス編みを編む				
	4段め〜35段め	編み込み模様(14目×8段1模様)を4回繰り返す				
	36段め	糸aでメリヤス編みを編む				
	37段め〜38段め	糸bでメリヤス編みを編む	↓		↓	↓
履き口 (糸b)	1段め〜10段め	糸bで2目ゴム編み(表目2目、裏目2目)を編む	28	2目ゴム編みを続けてわに編む	28	56
	目を止める	縫い止め、またはJeny式伏せ止めで目を止める				56

e

すべり目模様のくつ下　　　P37

材料
糸a:Opal Uni col.5192(ブラウン) 45g
糸b:Opal Uni col.5186(ラベンダー) 10g

用具
輪針2.5mm(40cm以上)2本、とじ針

ゲージ
メリヤス編み10cm角=32目×40段

仕上がりサイズ
甲まわり19×長さ22～23×丈14.5cm

編み方のポイント ※糸は1本どりで編みます

1. 糸a、Judy式作り目で28目作り、増し目しながら16段つま先を編む。
2. A針(甲側)、B針(底側)続けて、メリヤス編みで甲まわりをわに編む。50段増減なしで編んだら、B針は増し目をしながらガセットパートを編む。
3. A針は1段編んで目を休め、B針で減らし目パートを往復に編む。
4. 糸a、bで模様編みを32段、わに編む。
5. 糸aで履き口を編む。1段めは表目、2段めからはねじり1目ゴム編みをわに編み、縫い止め、またはJeny式伏せ止めで止める。

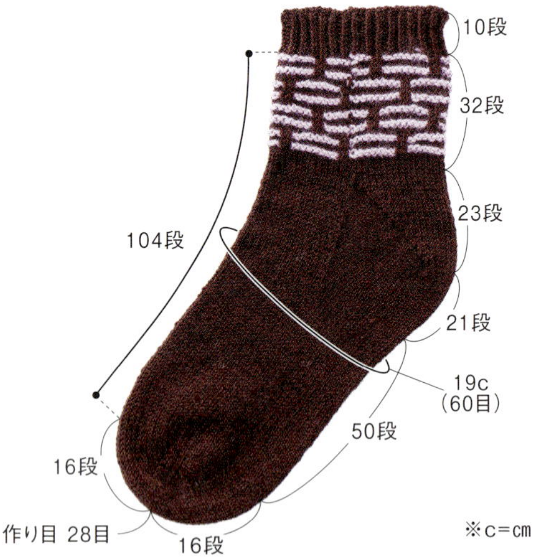

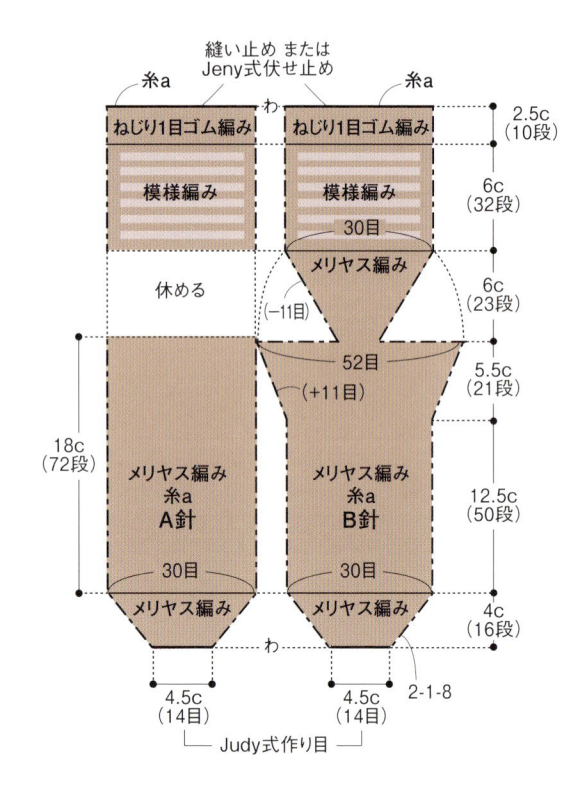

[模様編み]
10目16段=1模様

□ □ = | 表目
糸a 糸b

※編み目記号の見方はP91

W = 2段続けてすべり目

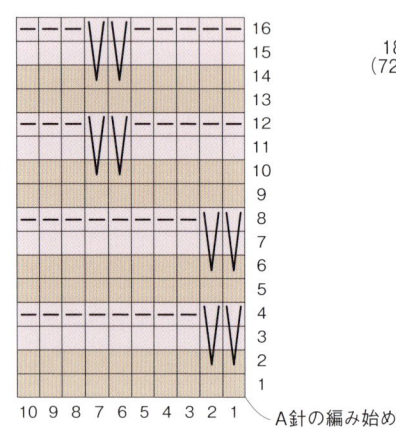

[編み方チャート]

減らし目パート以外はA針、B針交互に編む

		A針	目数	B針	目数	総目数
	作り目	糸a、Judy式作り目で14目	14	糸a、Judy式作り目で14目	14	28
つま先 (糸a)	1段め	①〈すべて表目〉	14	A針と同じ内容を、続けてわに編む	14	28
	2段め	②〈表目1目、右増し目、最後の1目手前まで表目、左増し目、表目1目〉	16		16	32
	3段め 〜 16段め	①、②の2段1セットを7回繰り返す	16 〜 30		16 〜 30	32 〜 60
甲まわり (糸a)	1段め 〜 50段め	増減なしのメリヤス編みを編む	↓ 30	メリヤス編みを続けてわに編む	↓ 30	↓ 60
かかと (ガセット パート) (糸a)	1段め	甲まわりに続けてメリヤス編みを編む	30	③〈表目1目、右増し目、最後の1目手前まで表目、左増し目、表目1目〉	32	62
	2段め			④〈すべて表目〉	32	62
	3段め 〜 20段め			③、④の2段1セットを9回繰り返す	34 〜 50	64 〜 80
	21段め	↓		③をもう一度編む	52	82
かかと (減らし目 パート) (糸a)	1段め	すべて表目に編む	30	表目29目、右上2目一度、表目1目→裏に返す	51	81
	2段め	ここから目を休める(B針のみで編む)		⑤〈すべり目1目、裏目7目、裏左上2目一度、裏目1目→表に返す〉	50	80
	3段め			⑥〈すべり目1目、表目8目、右上2目一度、表目1目→裏に返す〉	49	79
	4段め 〜 21段め			⑤、⑥の2段1セットで赤字部分を1目ずつ増やしながら往復編みを9回繰り返す	48 〜 31	78 〜 61
	22段め			すべり目1目、裏目27目、裏左上2目一度、裏目1目→表に返す	30	60
	23段め			すべて表目で編む	30	60
足首上 (糸a、b)	1段め 〜 32段め	糸a、糸bで模様編み(10目16段1模様)を2セット編む	30	A針と同じ内容を、続けてわに編む	30	60
履き口 (糸a)	1段め	糸aですべて表目に編む	30	表目を続けてわに編む	30	60
	2段め 〜 10段め	糸aでねじり1目ゴム編み(ねじり表目1目、裏目1目)を編む	30	ねじり1目ゴム編みを続けてわに編む	30	60
	目を止める	縫い止め、またはJeny式伏せ止めで目を止める				60

パンツ／Vlas Blomme目黒店　シューズ／ビルケンシュトック

f 模様糸のボーダーくつ下

白と段染め糸を交互に編んだボーダー風。
段染め糸は自然に模様が浮かび上がるので、編むのが楽しくなります。

編み方 ➡ **P44**　使用糸：Opal Uni、Opal フンデルトヴァッサー

ワンピース／YARRA吉祥寺店

g
ナチュラル色の透かし模様くつ下

レーシーな透かし模様を全体に配しました。
ベーシックな色なので、重ねばきなどを楽しんでも。

編み方 ➡ **P46**　使用糸：コロポックル

f 模様糸のボーダーくつ下

P42

材料
糸a:Opal Uni col.3081（ナチュラル）35g
糸b:Opal フンデルトヴァッサー col.2102（ミックス）30g

用具
輪針2.5mm（40cm以上）2本、とじ針

ゲージ
メリヤス編み10cm角＝32目40段

仕上がりサイズ
甲まわり19×長さ21〜22×丈18.5cm

編み方のポイント　※糸は1本どりで編みます

1 糸a、Judy式作り目で28目作り、増し目しながら16段つま先を編む。

2 A針（甲側）、B針（底側）続けて、メリヤス編みで甲まわりをわに編む（糸a、糸bを交互に10段ずつ）。46段増減なしで編んだら、B針は増し目をしながらガセットパートを編む（ボーダー模様を続ける）。

3 A針は1段編んで目を休ませ、B針で減らし目パートを往復に編む（ボーダー模様を続ける）。

4 糸a、bでメリヤス編みを40段わに編む（ボーダー模様を続ける）。

5 糸aで履き口を編む。1段めは表目、2段めからはねじり1目ゴム編みをわに編み、縫い止め、またはJeny式伏せ止めで止める。

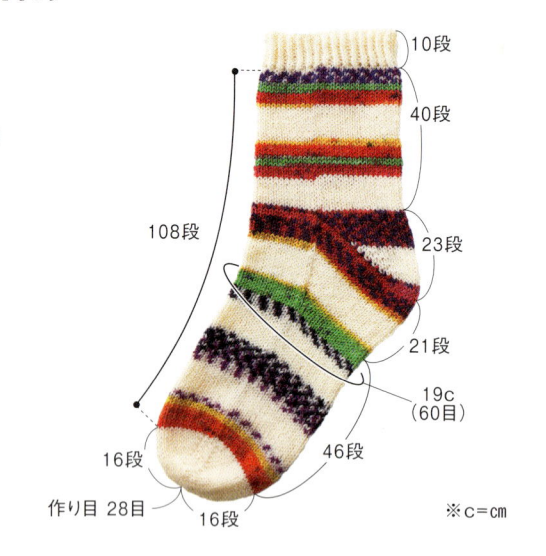

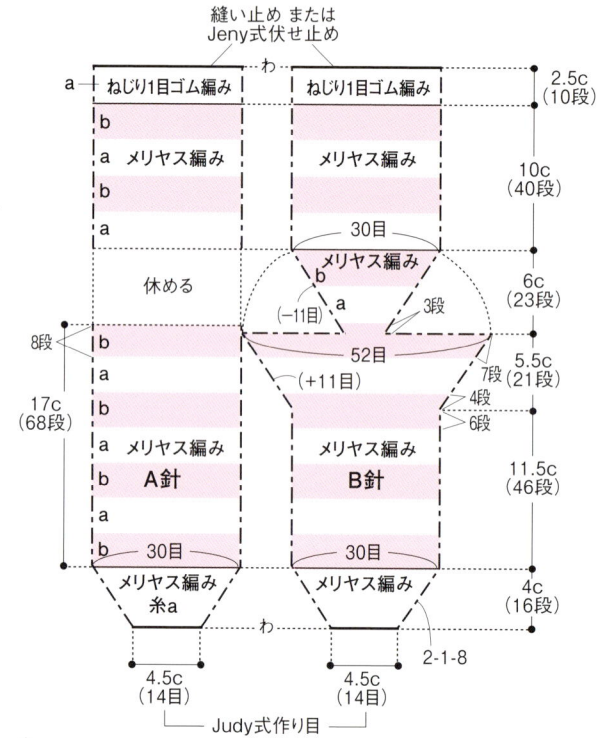

※c＝cm

□＝糸a
■＝糸b

※指定以外はすべて各10段ずつ

[編み方チャート] 減らし目パート以外はA針、B針交互に編む

		A針	目数	B針	目数	総目数
	作り目	糸a、Judy式作り目で14目	14	糸a、Judy式作り目で14目	14	28
つま先（糸a）	1段め	①〈すべて表目〉	14	A針と同じ内容を、続けてわに編む	14	28
	2段め	②〈表目1目、右増し目、最後の1目手前まで表目、左増し目、表目1目〉	16		16	32
	3段め〜16段め	①、②の2段1セットを7回繰り返す	16〜30		16〜30	32〜60
甲まわり（糸a、b）	1段め〜46段め	増減なしのメリヤス編みをわに編む（糸a、糸bを交互に10段ずつ）	30	A針と同じ内容を、続けてわに編む	30	60
かかと（ガセット）パート（糸a、b）	1段め	甲まわりに続けてメリヤス編みをわに編む（ボーダー模様を続ける）	30	③〈表目1目、右増し目、最後の1目手前まで表目、左増し目、表目1目〉	32	62
	2段め			④〈すべて表目〉	32	62
	3段め〜20段め			③、④の2段1セットを9回繰り返す	34〜50	64〜80
	21段め			③をもう一度編む	52	82
かかと（減らし目）パート（糸a、b）	1段め	すべて表目に編む	30	表目29目、右上2目一度、表目1目→裏に返す	51	81
	2段め	ここから目を休める（B針のみで編む）		⑤〈すべり目1目、裏目7目、裏左上2目一度、裏目1目→表に返す〉	50	80
	3段め			⑥〈すべり目1目、表目8目、右上2目一度、表目1目→裏に返す〉	49	79
	4段め〜21段め			⑤、⑥の2段1セットで赤字部分を1目ずつ増やしながら往復編みを9回繰り返す	48〜31	78〜61
	22段め			すべり目1目、裏目27目、裏左上2目一度、裏目1目→表に返す	30	60
	23段め			すべて表目で編む	30	60
足首上（糸a、b）	1段め〜40段め	休める前に続けて、増減なしのメリヤス編みをわに編む（ボーダー模様を続ける）	30	A針と同じ内容を、続けてわに編む	30	60
履き口（糸a）	1段め	糸aですべて表目に編む	30	表目を続けてわに編む	30	60
	2段め〜10段め	糸aでねじり1目ゴム編み（ねじり表目1目、裏目1目）を編む	30	ねじり1目ゴム編みを、続けてわに編む	30	60
	目を止める	縫い止め、またはJeny式伏せ止めで目を止める				60

g ナチュラル色の透かし編みくつ下　P43

材料
コロポックル col.2（ベージュ）70g

用具
輪針3.0mm（40cm以上）2本、とじ針

ゲージ
メリヤス編み10cm角＝29目×39段

仕上がりサイズ
甲まわり20.5×長さ22.5～23.5×丈20.5cm

編み方のポイント　※糸は1本どりで編みます

1. Judy式作り目で28目作り、増し目しながら16段つま先を編む。
2. A針（甲側）は模様編み、B針（底側）はメリヤス編みで甲まわりをわに編む。50段増減なしで編んだら、B針は増し目をしながらガセットパートを編む。
3. A針は1段編んで目を休ませ、B針で減らし目パートを往復に編む。
4. 続けてA、B針で模様編みを48段わに（A針側は休める前の模様編みに続けて）編む。
5. 変わりゴム編みで10段履き口をわに編み、縫い止め、またはJeny式伏せ止めで止める。

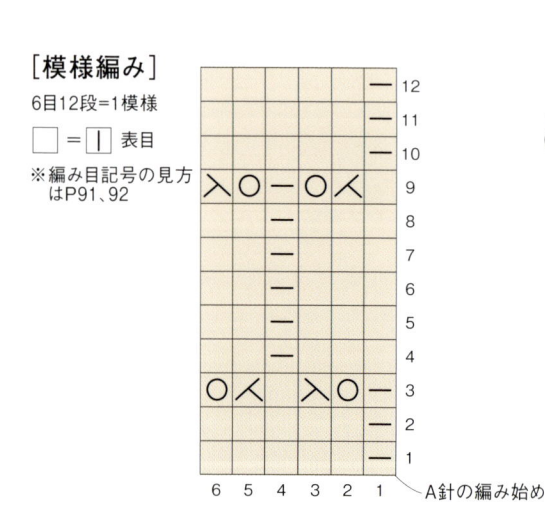

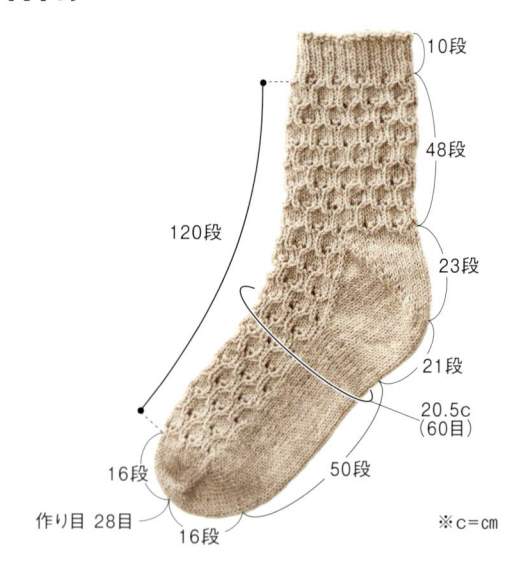

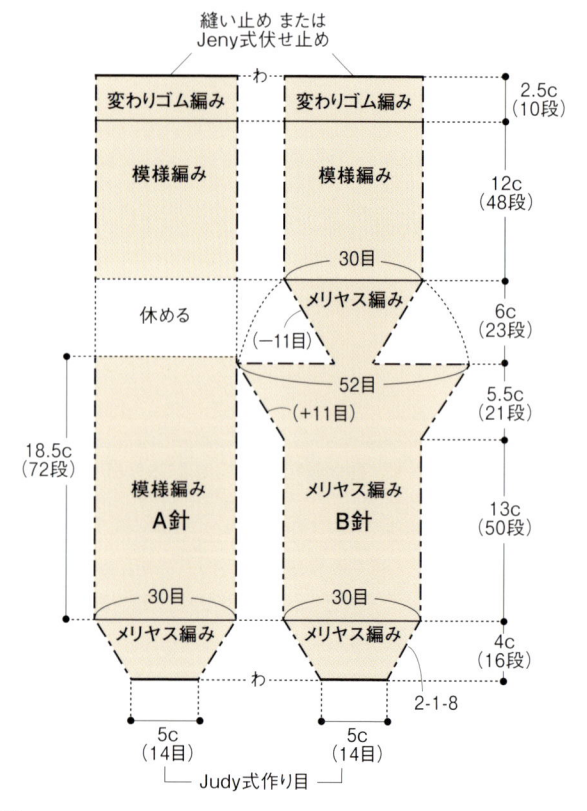

[模様編み]

6目12段＝1模様

□ = | 表目

※編み目記号の見方はP91、92

[編み方チャート]

減らし目パート以外はA針、B針交互に編む

		A針	目数	B針	目数	総目数
	作り目	Judy式作り目で14目	14	Judy式作り目で14目	14	28
つま先	1段め	①〈すべて表目〉	14	A針と同じ内容を、続けてわに編む	14	28
	2段め	②〈表目1目、右増し目、最後の1目手前まで表目、左増し目、表目1目〉	16		16	32
	3段め〜16段め	①、②の2段1セットを7回繰り返す	16〜30		16〜30	32〜60
甲まわり	1段め〜50段め	模様編み（6目1模様）を5回繰り返す 12段1セットを繰り返して、増減なしで50段編む	30	メリヤス編みを編む	30	60
かかと（ガセットパート）	1段め	甲まわりに続けて模様編みをわに編む	30	③〈表目1目、右増し目、最後の1目手前まで表目、左増し目、表目1目〉	32	62
	2段め			④〈すべて表目〉	32	62
	3段め〜20段め			③、④の2段1セットを9回繰り返す	34〜50	64〜80
	21段め			③をもう一度編む	52	82
かかと（減らし目パート）	1段め	ガセットパートに続けて模様編みを編む	30	表目29目、右上2目一度、表目1目→裏に返す	51	81
	2段め	ここから目を休める（B針のみで編む）		⑤〈すべり目1目、裏目7目、裏左上2目一度、裏目1目→表に返す	50	80
	3段め			⑥〈すべり目1目、表目8目、右上2目一度、表目1目→裏に返す〉	49	79
	4段め〜21段め			⑤、⑥の2段1セットで赤字部分を1目ずつ増やしながら往復編みを9回繰り返す	48〜31	78〜61
	22段め			すべり目1目、裏目27目、裏左上2目一度、裏目1目→表に返す	30	60
	23段め			すべて表目で編む	30	60
足首上	1段め〜48段め	休める前に続けて、増減なしの模様編み（4セット分）をわに編む	30	模様編みを続けてわに編む。	30	60
履き口	1段め〜10段め	変わりゴム編み（裏目1目、表目2目）を編む	30	変わりゴム編みを続けてわに編む	30	60
	目を止める	縫い止め、またはJeny式伏せ止めで目を止める				60

h

マルチカラーのメリヤスくつ下

1種類の糸、メリヤス編みだけで、
こんなにかわいいボーダー模様ができるなんて、何だかトクした気分！

編み方 ➡ P50　使用糸：Opal フンデルトヴァッサー

ワンピース／Vlas Blomme目黒店　バッグ／CLASKA Gallery & Shop"DO"本店

キッズ用もかわいい♪

こちらは色違いの糸で編んだサイズ小さめのキッズ用。
ピンク〜オレンジ色の色合いがキュートです！

編み方 ➡ P50　使用糸：ナイフメーラ

マルチカラーのメリヤスくつ下

P48-49

A レディース　B キッズ

材料
A Opal フンデルトヴァッサー col.2101(水色系) 60g
B ナイフメーラ col.611(ピンク系) 55g

用具
A 輪針2.5mm(40cm以上)2本、とじ針
B 輪針3.0mm(40cm以上)2本、とじ針

ゲージ
A メリヤス編み10cm角=32目×40段
B メリヤス編み10cm角=30目×40段

仕上がりサイズ
A 甲まわり19×長さ22～23×丈18.5cm
B 甲まわり16×長さ14.5～15.5×丈17.5cm

編み方のポイント
※糸は1本どりで編みます
※( )内はBキッズ

1. Judy式作り目で28目(24目)作り、増し目しながら16段(12段)つま先を編む。
2. A針(甲側)、B針(底側)続けてメリヤス編みで甲まわりをわに編む。50段(30段)増減なしでわに編んだら、B針は増し目をしながらガセットパートを編む。
3. A針は1段編んで目を休め、B針で減らし目パートを往復に編む。
4. 休める前に続けてメリヤス編みを40段(42段)わに編む。
5. ねじり1目ゴム編みで10段履き口をわに編み、縫い止め、またはJeny式伏せ止めで止める。

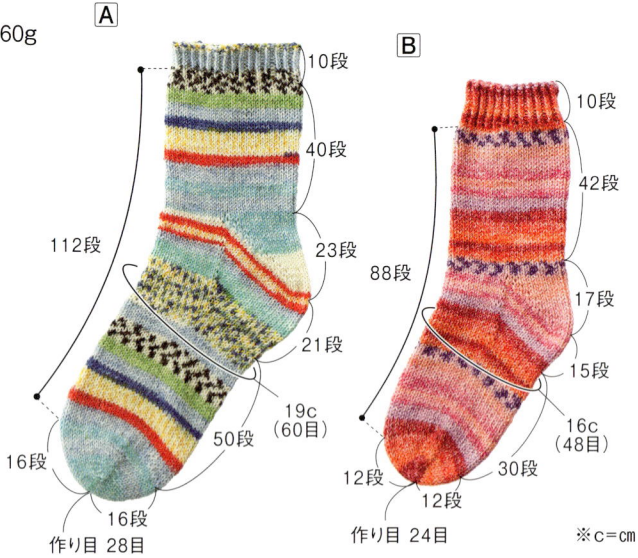

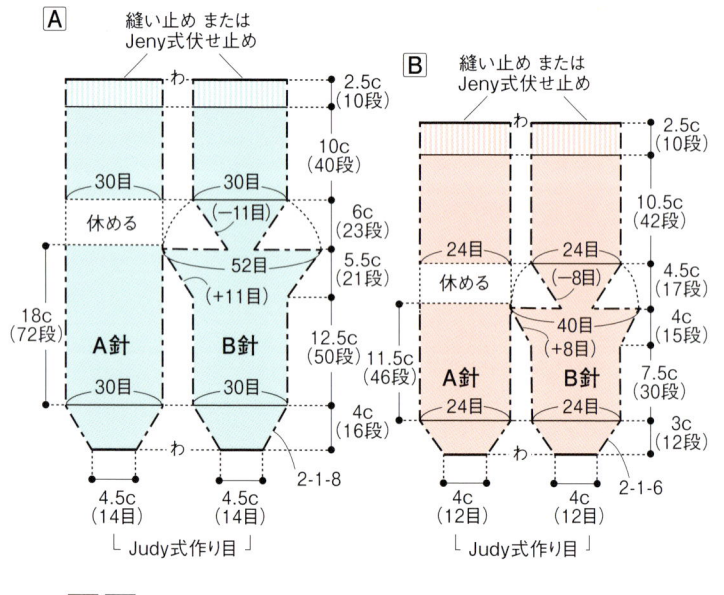

[編み方チャート] ピンク字部分＝Ⓑキッズ　減らし目パート以外はA針、B針交互に編む

		A針	目数	B針	目数	総目数
つま先	作り目	Judy式作り目で14目(12目)	14 (12)	Judy式作り目で14目(12目)	14 (12)	28 (24)
つま先	1段め	①〈すべて表目〉	14 (12)	A針と同じ内容を、続けてわに編む	14 (12)	28 (24)
つま先	2段め	②〈表目1目、右増し目、最後の1目手前まで表目、左増し目、表目1目〉	16 (14)		16 (14)	32 (28)
つま先	3段め〜16段(12段)め	①、②の2段1セットを7回(5回)繰り返す	16 (14) 〜 30 (24)		16 (14) 〜 30 (24)	32 (28) 〜 60 (48)
甲まわり	1段め〜50段(30段)め	増減なしのメリヤス編みをわに編む	↓ 30 (24)	メリヤス編みを続けてわに編む	↓ 30 (24)	↓ 60 (48)
かかと(ガセットパート)	1段め	甲まわりに続けてメリヤス編みをわに編む	30 (24)	③〈表目1目、右増し目、最後の1目手前まで表目、左増し目、表目1目〉	32 (26)	62 (50)
かかと(ガセットパート)	2段め			④〈すべて表目〉	32 (26)	62 (50)
かかと(ガセットパート)	3段め〜20段(14段)め			③、④の2段1セットを9回(6回)繰り返す	34 (28) 〜 50 (38)	64 (52) 〜 80 (62)
かかと(ガセットパート)	21段(15段)め	↓	↓	③をもう一度編む	52 (40)	82 (64)
かかと(減らし目パート)	1段め	すべて表目に編む	30 (24)	表目29目(23目)、右上2目一度、表目1目→裏に返す	51 (39)	81 (63)
かかと(減らし目パート)	2段め	ここから目を休める(B針のみで編む)		⑤〈すべり目1目、裏目7目、裏左上2目一度、裏目1目→表に返す	50 (38)	80 (62)
かかと(減らし目パート)	3段め			⑥〈すべり目1目、表目8目、右上2目一度、表目1目→裏に返す〉	49 (37)	79 (61)
かかと(減らし目パート)	4段め〜21段(15段)め			⑤、⑥の2段1セットで赤字部分を1目ずつ増やしながら往復編みを9回(6回)繰り返す	48 (36) 〜 31 (25)	78 (60) 〜 61 (49)
かかと(減らし目パート)	22段(16段)め			すべり目1目、裏目27目(21目)、裏左上2目一度、裏目1目→表に返す	30 (24)	60 (48)
かかと(減らし目パート)	23段(17段)め			すべて表目に編む	30 (24)	60 (48)
足首上	1段め〜40段(42段)め	休める前に続けて、増減なしのメリヤス編みをわに編む	30 (24)	メリヤス編みを続けてわに編む	30 (24)	60 (48)
履き口	1段め〜10段め	ねじり1目ゴム編み(ねじり表目1目＋裏目1目)を編む	30 (24)	ねじり1目ゴム編みを続けてわに編む	30 (24)	60 (48)
	目を止める	縫い止め、またはJeny式伏せ止めで目を止める				60 (48)

葉っぱ模様の透かし編みくつ下

左右のサイドに葉っぱの模様をあしらいました。鮮やかなからし色もキレイ！

編み方 ➡ **P54**　使用糸：コロポックル

シンプルな編み地に
葉っぱ模様が映えます

ラップスカート、レギンス／ともにVlas Blomme目黒店

ベビー用もおそろいで♡

かわいいベビーソックスも
葉っぱ模様デザイン。
ちっちゃくてすぐ編めるから、
贈りものにもおすすめ。

編み方 ➡ **P54**　使用糸：コロポックル

葉っぱ模様の透かし編みくつ下　P52-53
A レディース　B ベビー

材料
A コロポックル col.5（からし色）75g
B コロポックル col.1（オフ白）20g

用具（AB共通）
輪針3.0mm（40cm以上）2本、とじ針

ゲージ（AB共通）
メリヤス編み10cm角＝29目×39段

仕上がりサイズ
A 甲まわり20.5×長さ22.5〜23.5×丈24cm
B 甲まわり11.5×長さ9〜10×丈7.5cm

編み方のポイント　※糸は1本どりで編みます

A
1. Judy式作り目で28目作り、増し目しながら16段つま先を編む。
2. A針（甲側）は模様編みⒶ、B針（底側）はメリヤス編みで甲まわりを編む。50段増減なしでわに編んだら、B針は増し目をしながらガセットパートを編む。
3. A針は1段編んで目を休め、B針で減らし目パートを往復に編む。
4. 続けてA針は模様編みⒶ、B針はメリヤス編みを56段わに（A針側は休める前の模様編みに続けて）編む。
5. 変わりゴム編みで履き口を12段わに編み、縫い止め、またはJeny式伏せ止めで止める。

B
1. Judy式作り目で16目作り、増し目しながら8段つま先を編む。
2. A針側で1目増し目をして1段メリヤス編みを編む。続けてA針（甲側）は模様編みⒷ、B針（底側）はメリヤス編みで16段、増減なしで甲まわりをわに編む。続けてB針は増し目をしながらガセットパートを編む。
3. A針は1段編んで目を休め、B針で減らし目パートを往復に編む。
4. 続けてA針は模様編みⒷ、B針はメリヤス編みを6段わに（A針側は休める前の模様編みに続けて）編む。
5. A針、B針ともにメリヤス編みを12段編む。縫い止めで目を止めて、表側で糸始末する。

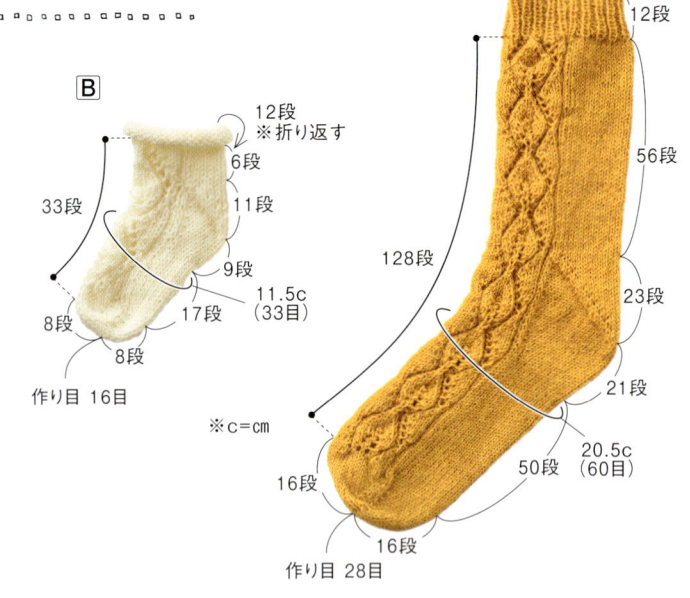

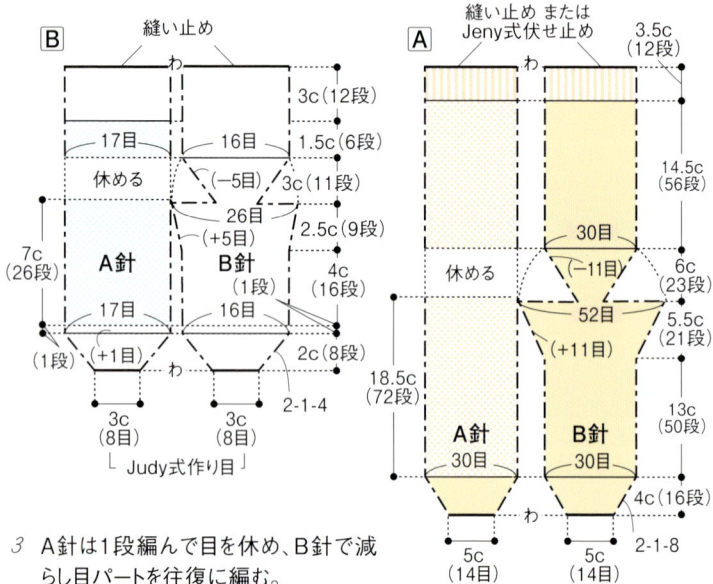

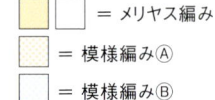

= メリヤス編み
= 模様編みⒶ
= 模様編みⒷ
= 変わりゴム編み

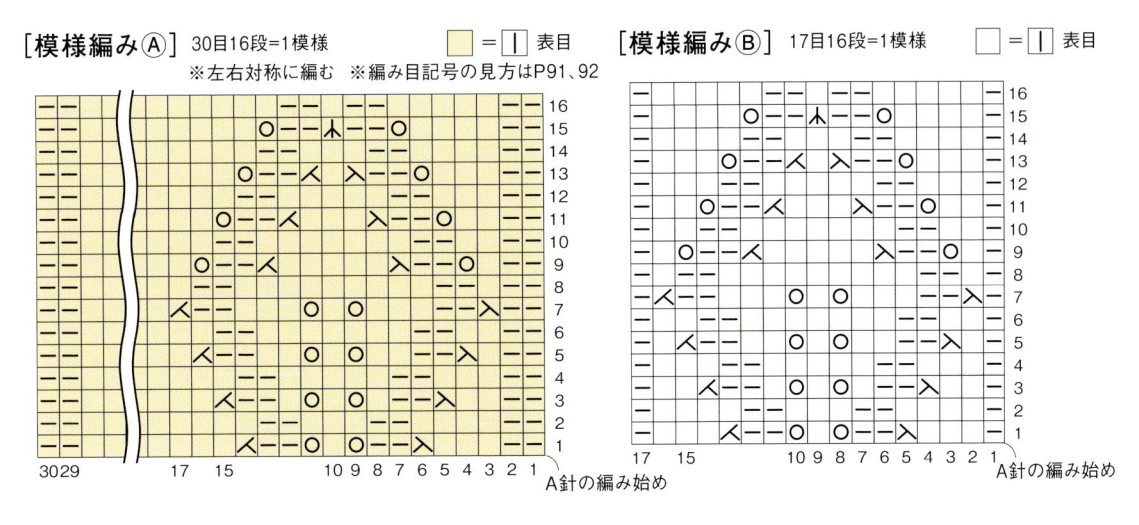

[模様編みⓐ] 30目16段=1模様　　　　= ｜ 表目　　[模様編みⓑ] 17目16段=1模様　　　= ｜ 表目
※左右対称に編む　※編み目記号の見方はP91、92

A針の編み始め　　　　　　　　　　　　　　　　　　　A針の編み始め

[編み方チャート]　青字部分、(　)内=ⓑベビー　　減らし目パート以外はA針、B針交互に編む

		A針	目数	B針	目数	総目数
	作り目	Judy式作り目で14目（8目）	14(8)	Judy式作り目で14目（8目）	14(8)	28(16)
つま先	1段め	①〈すべて表目〉	14(8)	A針と同じ内容を、続けてわに編む	14(8)	28(16)
	2段め	②〈表目1目、右増し目、最後の1目手前まで表目、左増し目、表目1目〉	16(10)		16(10)	32(20)
	3段め〜16段(8段)め	①、②の2段1セットを7回（3回）繰り返す	16(10)〜30(16)		16(10)〜30(16)	32(20)〜60(32)
(準備の段)		表目8目、右上1目編み出し、表目8目を編む	(17)	すべて表目で編む	(16)	(33)
甲まわり	1段め〜50段(16段)め	模様編みを図のように編む 16段1セットで50段編む（左右、模様は対称に編む） 模様編みⓑを図のように16段編む	30(17)	メリヤス編みを編む	30(16)	60(33)
かかと(ガセット)パート	1段め	甲まわりに続けて模様編みをわに編む	30(17)	③〈表目1目、右増し目、最後の1目手前まで表目、左増し目、表目1目〉	32(18)	62(35)
	2段め			④〈すべて表目〉	32(18)	62(35)
	3段め〜20段(8段)め			③、④の2段1セットを9回（3回）繰り返す	34(20)〜50(24)	64(37)〜80(41)
	21段(9段)め		30(17)	③をもう一度編む	52(26)	82(43)
かかと(減らし目パート)	1段め	ガセットパートに続けて模様編みを編む	30(17)	表目29目（15目）、右上2目一度、表目1目→裏に返す	51(25)	81(42)
	2段め	ここから目を休める(B針のみで編む)		⑤〈すべり目1目、裏目7目（裏目5目）、裏左上2目一度、裏目1目→表に返す〉	50(24)	80(41)
	3段め			⑥〈すべり目1目、表目8目（表目6目）、右上2目一度、表目1目→裏に返す〉	49(23)	79(40)
	4段め〜21段(9段)め			⑤、⑥の2段1セットで赤字部分を1目ずつ増やしながら往復編みを9回（3回）繰り返す	48(22)〜31(17)	78(39)〜61(34)
	22段(10段)め			すべり目1目、裏目27目（裏目13目）、裏左上2目一度、裏目1目→表に返す	30(16)	60(33)
	23段(11段)め			すべて表目で編む	30(16)	60(33)
足首上	1段め〜56段(6段)め	休める前に続けて、増減なしの模様編みをわに編む	30(17)	メリヤス編みを編む	30(16)	60(33)
履き口	1段め〜12段め	変わりゴム編み（裏目2目、表目1目）（メリヤス編み）を編む	30(17)	変わりゴム編み（メリヤス編み）を続けて編む	30(16)	60(33)
	目を止める	縫い止め、またはJeny式伏せ止めで目を止める（縫い止めで目を止める）				60(33)

※準備の段はベビー用のみ編む

55

パンツ／ Vlas Blomme目黒店

かかとの配色も個性的！

ガセットヒールの作りをデザインに生かしています。

クロス模様のマニッシュなくつ下

クロス模様と、サイド〜かかとのストライプの組み合わせが素敵なくつ下です。
編み込みだから編み地もしっかりしています。

編み方 ➡ **P58**　使用糸：Opal Uni

クロス模様のマニッシュなくつ下

P56-57

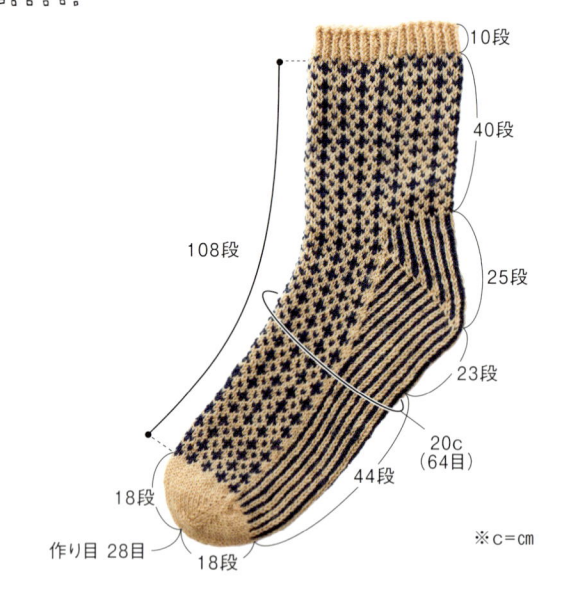

材料
糸a:Opal Uni col.5189(キャメル) 50g
糸b:Opal Uni col.5187(ペトロール) 40g

用具
輪針2.5mm(40cm以上)2本、とじ針

ゲージ
編み込み模様10cm角=32目×36段

仕上がりサイズ
甲まわり20×長さ23〜24×丈20cm

編み方のポイント　※糸は1本どりで編みます

1. 糸a、Judy式作り目で28目作り、増し目しながら18段つま先を編む。
2. 糸a、bで甲まわりを編む。A針(甲側)は編み込み模様Ⓐ、B針(底側)は編み込み模様Ⓑでわに編む。44段増減なしで編んだら、B針は増し目をしながら編み込み模様Ⓑでガセットパートを編む。
3. A針は1段編んで目を休め、B針、編み込み模様Ⓑで減らし目パートを往復に編む。
4. 糸a、bで編み込み模様Ⓐを40段、わに(A針側は休める前の編み込み模様に続けて)編む。
5. 糸aで履き口を編む。1段めは表目、2段めからはねじり1目ゴム編みをわに編み、縫い止め、またはJeny式伏せ止めで止める。

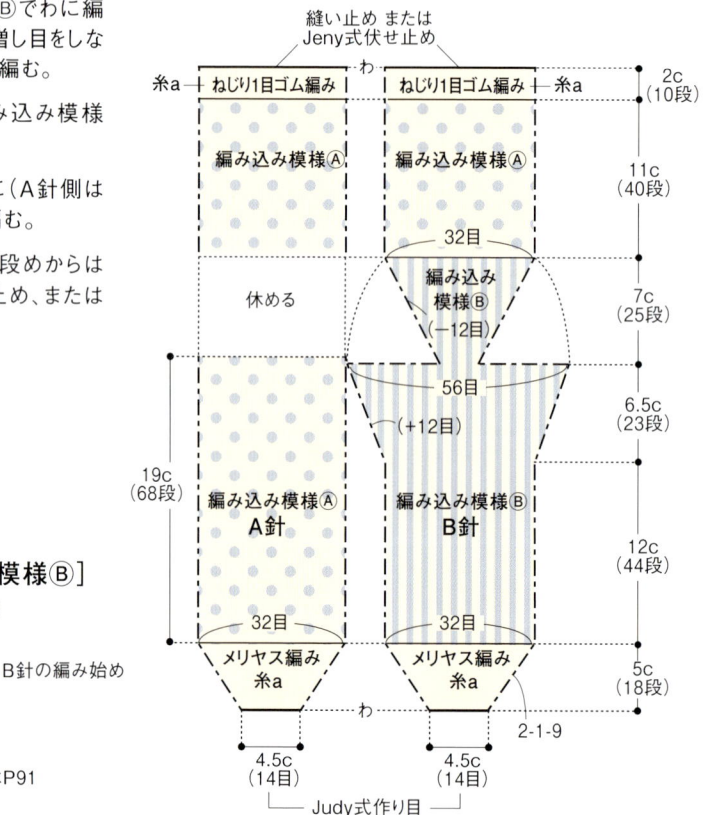

[編み込み模様Ⓐ]　4目4段=1模様

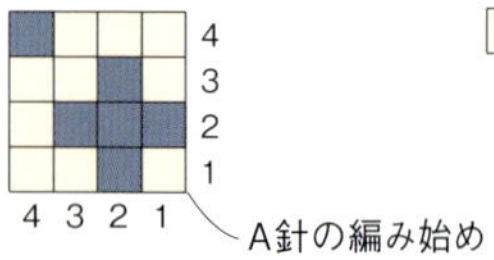

[編み込み模様Ⓑ]　4目1段=1模様　B針の編み始め

A針の編み始め

☐ ■ = | 表目　※編み目記号の見方はP91
糸a 糸b

[ガゼットパート]

□ ■ = | 表目
糸a 糸b

※編み目記号の見方はP91

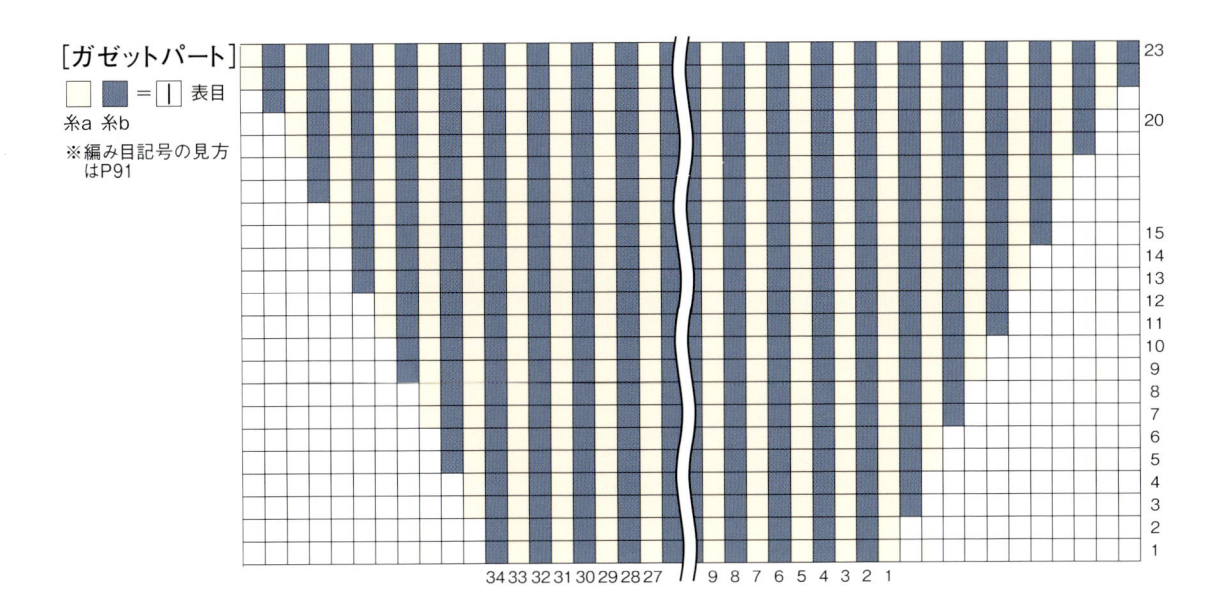

34 33 32 31 30 29 28 27 | 9 8 7 6 5 4 3 2 1

23
20
15
14
13
12
11
10
9
8
7
6
5
4
3
2
1

[編み方チャート] 減らし目パート以外はA針、B針交互に編む

		A針	目数	B針	目数	総目数
	作り目	糸a、Judy式作り目で14目	14	糸a、Judy式作り目で14目	14	28
つま先 (糸a)	1段め	①〈すべて表目〉	14	A針と同じ内容を、続けてわに編む	14	28
	2段め	②〈表目1目、右増し目、最後の1目手前まで表目、左増し目、表目1目〉	16		16	32
	3段め〜18段め	①、②の2段1セットを8回繰り返す	16〜32		16〜32	32〜64
甲まわり (糸a、b)	1段め〜44段め	糸a、糸bで編み込み模様Ⓐ（4目1模様）を8回繰り返す 4段1セットで44段めまで編む	32	糸a、糸bで編み込み模様Ⓑを編む	32	64
かかと (ガゼットパート) (糸a、b)	1段め〜23段め	甲まわりに続けて編み込み模様Ⓐを編む	32	両端の目を図のように増やしながら、56目になるまで編み込み模様Ⓑを編む	34〜56	64〜88
かかと (減らし目パート) (糸a、b)	1段め	ガゼットパートに続けて編み込み模様Ⓐを編む	32	表目31目、右上2目一度、表目1目→裏に返す	55	87
	2段め	ここから目を休める（B針のみで編む）		③〈すべり目1目、裏目7目、裏左上2目一度、裏目1目→表に返す〉	54	86
	3段め			④〈すべり目1目、表目8目、右上2目一度、表目1目→裏に返す〉	53	85
	4段め〜23段め			③、④の2段1セットで赤字部分を1目ずつ増やしながら往復編みを10回繰り返す	52〜33	84〜65
	24段め			すべり目1目、裏目29、裏左上2目一度、裏目1目→表に返す	32	64
	25段め			すべて表目で編む	32	64
足首上 (糸a、b)	1段め〜40段め	休める前に続けて編み込み模様Ⓐを編む	32	編み込み模様Ⓐを続けてわに編む	32	64
履き口 (糸a)	1段め	糸aですべて表目に編む	32	表目を続けてわに編む	32	64
	2段め〜10段め	糸aでねじり1目ゴム編み（ねじり表目1目、裏目1目）	32	ねじり1目ゴム編みを続けてわに編む	32	64
	目を止める	縫い止め、またはJeny式伏せ止めで目を止める				64

※B針の減らし目パートは糸a、糸bの編み込み模様Ⓑを続けて編む

column

かわいいルームソックスアレンジ

すっぽり履ける前開きタイプのルームソックス。
幅広のかのこ編みの縁取りがアクセントです。段染め糸で編むと表情も豊か！

編み方 ➡ **P62**　使用糸：ナイフメーラ

ベルトでホールド！

シューズみたいで
かわいい☆

ワンピース／YARRA吉祥寺店　カーディガン、パンツ／ともにVlas Blomme目黒店　マグカップ／CLASKA Gallery & Shop"DO"本店

ルームソックスアレンジ

P60-61

材料
ナイフメーラ col.605 50g

用具
輪針3.0mm（40cm以上）2本、とじ針

ゲージ
メリヤス編み10cm角＝30目×40段

仕上がりサイズ
甲まわり18×長さ20〜21×丈10.5cm

編み方のポイント

1. Judy式作り目で28目作り、増し目しながら16段つま先を編む。

2. 甲まわりを編む。A針（甲側）はかのこ編み、B針（底側）はメリヤス編みをわに編む。10段めでA針の中心10目を伏せ止めし、11段めからA針とB針で往復編みをする。32段まで編んだら、A針は続けてかのこ編みを編み、B針は増し目をしながらガセットパートを編む。

3. A針は1段編んで目を休ませ、B針で目を減らしながら減らし目パートを往復に編む。

4. 続けてA針はかのこ編み、B針は1目ねじりゴム編みで18段わに（A針側は休ませる前のかのこ編みに続けて）編む。縫い止め、またはJeny式伏せ止めで止める。

[かのこ編み] 2目2段=1模様

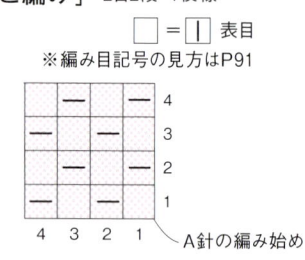

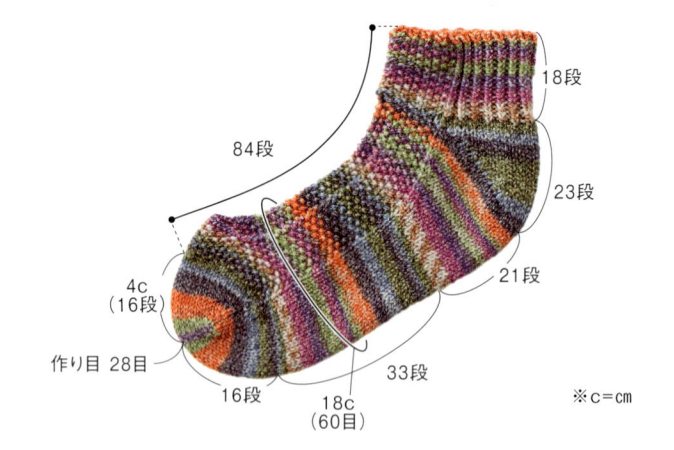

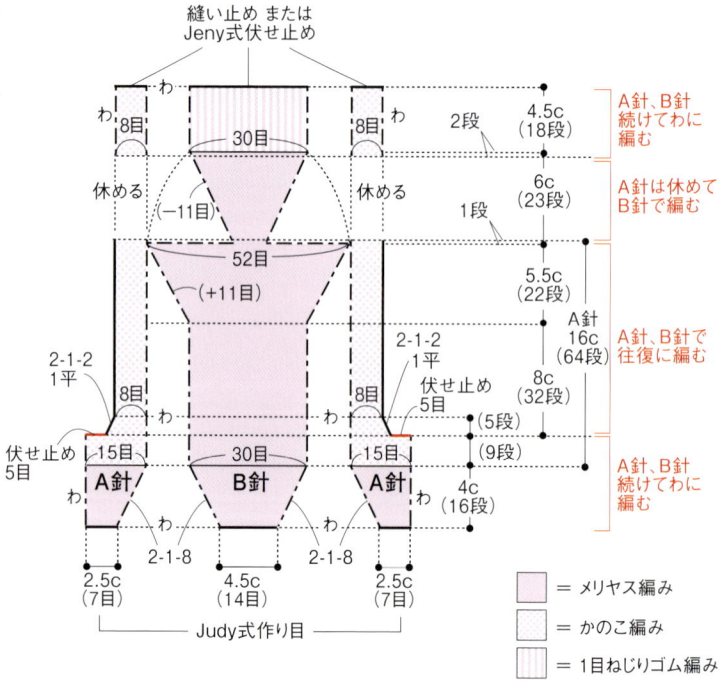

☐ = │ 表目

※編み目記号の見方はP91

= メリヤス編み
= かのこ編み
= 1目ねじりゴム編み

[編み方チャート]

つま先、甲まわり、足首まわりはA針、B針でわに編む。甲あき、ガセットパートはA針、B針で、減らし目パートはB針のみで往復に編む(甲あき～ガセットパートの往復編みは針1本で編んでもよい)

		A針	B針	A針	総目数
	作り目	Judy式作り目で14目	Judy式作り目で14目		28
つま先	1段め	①〈すべて表目〉	A針と同じ内容を、続けてわに編む		28
	2段め	②〈表目1目、右増し目、最後の1目手前まで表目、左増し目、表目1目〉	A針と同じ内容を、続けてわに編む		32
	3段め～16段め	①、②の2段1セットを7回繰り返す	A針と同じ内容を、続けてわに編む		32～60
甲まわり	1段め～9段め	かのこ編みで編む	メリヤス編みで続けてわに編む		60
甲あき	1段め(表側)	かのこ編み10目、伏せ止め10目、かのこ編み10目を編む	表目30目	かのこ編み10目→裏に返す(次の段の半分・ここから往復に編む)	50
	2段め(裏側)	かのこ編み8目、裏目右上2目一度 → 表に返す	裏目30目	裏目左上2目一度、かのこ編み8目	48
	3段め(表側)	かのこ編み9目	表目30目	かのこ編み9目 → 裏に返す	48
	4段め(裏側)	かのこ編み7目、裏目右上2目一度 → 表に返す	裏目30目	裏目左上2目一度、かのこ編み7目	46
	5段め(表側)	かのこ編み8目	表目30目	かのこ編み8目 → 裏に返す	46
	6段め(裏側)	かのこ編み8目 → 表に返す	裏目30目	かのこ編み8目	46
	7段め～32段め		5、6段めの2段1セットを13回繰り返す		46
かかと(ガセット)パート	1段め(表側)	かのこ編み8目	〈表目1目、右増し目、最後の1目手前まで表目、左増し目、表目1目〉	かのこ編み8目 → 裏に返す	48
	2段め(裏側)	かのこ編み8目 → 表に返す	すべて裏目	かのこ編み8目	48
	3段め(表側)～22段め(裏側)		1、2段めの2段1セットを10回繰り返す		50～68
かかと(減らし目)パート	1段め(表側)	かのこ編み8目	表目29目、右上2目一度、表目1目 → 裏に返す	目を休める(B針のみで編む)	67
	2段め(裏側)	目を休める(B針のみで編む)	③〈すべり目1目、裏目7目、裏左上2目一度、裏目1目→表に返す〉		66
	3段め(表側)		④〈すべり目1目、表目8目、右上2目一度、表目1目 → 裏に返す〉		65
	4段め(裏側)～21段め(表側)		③、④の2段1セットで赤字部分を1目ずつ増やしながら往復編みを9回繰り返す		64～47
	22段め(裏側)	かのこ編み8目	すべり目1目、裏目27目、裏左上2目一度、裏目1目を編む		46
	23段め(表側)	かのこ編み8目	表目30目	かのこ編み8目(ここからわに編む)	46
履き口	1段め～18段め	かのこ編み8目	ねじり1目ゴム編み(裏目1目、ねじり表目1目)を編む	かのこ編み8目	46
	目を止める		縫い止め、またはJeny式伏せ止めで目を止める		46

column
知っておきたい仕上げのこと

ニットは編んだらおしまいではありません。仕上げが必要なのをご存じでしたか？
編み地が整ってきれいになるので、最後まで手を抜かずに仕上げましょう！

おすすめは軽く水を通して乾かす方法

水を通すことで編み目がそろって、編み地もきれいに整います。多少編み地が不ぞろいでも、このひと手間で見違えるようにきれいになります。

1 水につけて

水またはぬるま湯を洗面器などに入れて、くつ下をそっと押すようにして水を含ませます。ウールには油分が含まれるので、10〜15分くらいつけ置きしましょう。高温の湯を使うと縮んでしまうので避けてください。

2 タオルドライ

軽く絞って水けをきってから乾いたタオルにのせ、ぐるぐる巻いて上から押して水分を吸い取ります。

3 乾かします

ソックブロッカーをはめて、平置き、または吊して乾かします。ソックブロッカーがないときは、一度手を通して編み地を整え、空気を入れてから、伸びないようにネットの上などに平置きにして乾かしましょう。手を通さずにそのまま乾かすと、縮んだ感じになってしまうので注意して。

> 水通しする時間がないときは
> スチームを利用

仕上げを急ぐ場合は、アイロンのスチームをあてて編み目を整えても。その場合、アイロンを編み地に直接あてると、テカリが出てしまうので、編み地から少し離してスチームだけがあたるようにしましょう。

サイズの微調整もできます

予定よりも編み上がりが少し小さくなってしまった場合は、水通しをして乾かすときに、少し大きめのブロッカーを入れれば、若干編み地を伸ばすことができます。ただし大幅に伸ばしたりすると編み地が傷むので微調整に留めて。

仕上げにおすすめのグッズ

くつ下をきれいに仕上げるための専用グッズもあります。ネット通販などで入手できるので、よく作るなら持っていても！

ソックブロッカー

水通ししたくつ下を乾かすときに使う用具。これをはめると形崩れがなく、きれいに整えられるのでおすすめです。材質はプラスチック、木製などいろいろ。サイズの大小に対応できるものもあります。

> ソックブロッカーの代わりに
> ソックブロッカーを持っていなくても、ワイヤーやワイヤーハンガーをくつ下の形に曲げてはめれば、代用できます。

専用洗剤

ニットなどデリケートな素材専用の洗剤。洗濯のときはもちろん、最初の水通しのときにも使うとふんわり仕上がります。

Step 02

編んで
みましょう

「ショートロウの つま先＋かかと」のくつ下

「ショートロウ」という編み方は、仕上がりが日本の「引き返し編み」とほとんど同じですが、引き返しの段差を消す方法が少し違います。かかとの目の増減がガセット式とは違うので、色の切り替えなどデザインに生かしたいときにおすすめの方法です。

ショートロウかかと

ガセットヒールよりもかかとが直角に近くなるので、足の形によりフィットしたシルエットになります。基本的に編み方はつま先と同じです。

ショートロウつま先

この編み方もつま先の内側にはぎ目がないため、ごろつきません。針と針の境目が目立たなく、すっきり仕上がります。

前　　　　後ろ

丈 19cm

甲まわり 19cm

長さ 20〜21cm

ゲージ
メリヤス編み10cm角＝34目×44段

仕上がりサイズ
甲まわり19×長さ20〜21×丈19cm

材料
糸a：コロポックル col.12（グリーン）25g　糸b：コロポックル col.2（ベージュ）50g　別糸（編み糸と同じくらいの太さ）少々

用具
輪針2.5mm（40cm以上）2本、かぎ針3/0号、とじ針

※説明でわかりやすくするために、輪針は色の違うものを使っています。

糸a　糸b　　B針　A針

編み終わり　編み始め　A針

📖 別糸で作る作り目〜ショートロウでつま先を編む

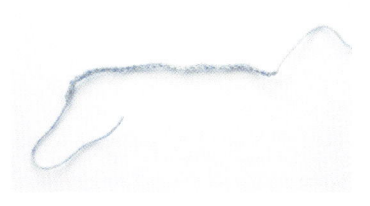

1 別糸で鎖目を34〜35目（必要な目よりも2〜3目多めに）編む（別糸で作る作り目P91）。

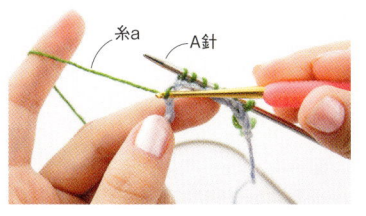

2 鎖の裏山にかぎ針を入れ、糸aを1目ずつ引き出してA針に移す。ねじり目にならないように目の向きに注意。

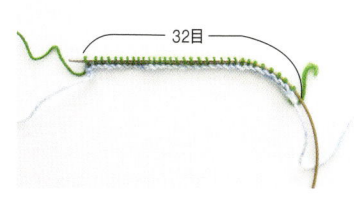

糸a　A針

3 全部で32目拾う。

32目

Step 02

4 1段め(準備の段)を裏目(P91)で編む(つま先はA針だけで往復に編む)。

5 ここからつま先1段め。表目(P91)を31目編む。糸を手前にして次の目をすべり目(P91)する。

6 裏に返して糸を手前に回す。1目めの根元に糸が巻かれた状態になる。その目をすべり目する。

7 続いて裏目を30目編む。

8 糸を向こう側にして、次の目をすべり目する。

9 表に返して糸を向こう側に回し、1目めの根元に糸を巻いてすべり目する。

10 赤字部分を1目ずつ減らしながら、5～9を繰り返し、糸を巻いた目が両端9目ずつ(まん中14目)になるまで編む。表に返して1目すべり目したところ。

11 ここから残り半分のスタート。表に返し、すべり目1目(*10*の最後ですべり目した目)、表目14目を編む。

12 次の目の根元に巻いた糸(*11*の★)に手前から針を入れて引き上げて、左の1目を通り越して針にかける。

13 左針の目と*12*でかけた糸に矢印のように右から針を入れ、一度に編む。

14 糸を手前にして、次の目をすべり目する。

15 裏に返してすべり目1目、裏目を15目編み、次の目の根元に巻いた糸の向こう側から針を入れて引き上げる。

16 15で引き上げた糸を左の1目を通り越して針にかける。

17 左針の1目と*16*でかけた糸を一度に編む。糸を向こう側にして次の目をすべり目する。

18 表に返し、1目めをすべり目(この目の根元に糸を2本巻いた状態)、表目を16目編む。

19 次の目の根元に巻いた糸2本(*18*の★)に手前から針を入れて引き上げ、左の1目を通り越して針にかける。

20 左針の1目と*19*で引き上げた2本に右から針を入れて一度に編む。糸を手前にして、次の目をすべり目する。

21 裏に返し、すべり目1目(この目の根元に糸を2本巻いた状態)、裏目を17目編み、次の目の根元に巻いた糸2本(★)を編み地の向こう側から拾う。

22 *21*の★の2本を引き上げ、左の1目を通り越して針にかける。

23 左の1目と*22*で引き上げた2本を一度に編む。糸を向こう側にして次の目をすべり目する。

24 赤字部分を1目ずつ増やしながら、*18*〜*23*を繰り返す。次第につま先の形になってくる。

25 編み目が32目に戻るまで、*18*〜*23*を繰り返す(最後の2段は、編み終わりのすべり目はしない)。

26 編み始めの別糸鎖をほどきながら、B針で目を拾う(32目)。

27 つま先の編み終わり。

甲まわりを編む

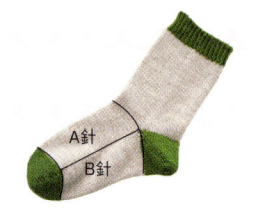

1 糸bに替えて、A針32目、B針32目の順に増減なしでメリヤス編み（P95）を編む。A針が甲側、B針が底側になる。

2 増減なしで50段、メリヤス編みをわに編む。

ショートロウでかかとを編む

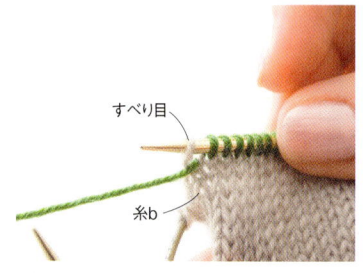

1 A針は糸bのまま表目で1段編む。A針はそのまま糸を切らずに休ませ、かかとはB針のみで往復に編む。糸aに替えて表目を31目編み、糸を手前にして次の目をすべり目する。

2 裏に返して糸を手前に回す。1目めの根元に糸を巻き、すべり目する。

3 裏目を30目編み、糸を向こう側にして次の目をすべり目する。

4 表に返して糸を向こう側に回し、1目めの根元に糸を巻いてすべり目する。

5 表目を29目編み、糸を手前にして次の目をすべり目する。

6 裏に返して1目めの根元に糸を巻きすべり目し、裏目を28目編む。糸を向こう側にして次の目をすべり目する。

7 赤字部分を1目ずつ減らしながら、4〜6を繰り返し、糸を巻いた目が両端9目ずつ（まん中14目）になるまで編む。表に返して1目すべり目する。

8 ここから残り半分のスタート。表に返し、すべり目1目（7の最後ですべり目した目）、表目14目を編む。

9 次の目の根元に巻いた糸に手前から針を入れて引き上げて左の1目を通り越して針にかける。

10 左針の1目と9でかけた糸に右から針を入れて一度に編む。

11 糸を手前にして、次の目をすべり目する。

12 裏に返してすべり目1目、裏目15目を編む。次の目の根元に巻いた糸の向こう側から針を入れて引き上げる（写真のように向こう側からすくうとやりやすい）。

13 12で引き上げた糸を左の1目を通り越して針にかける。

14 左針の1目と13でかけた糸を一度に編む。糸を向こう側にして、次の目をすべり目する（この目の根元に糸を2本巻いた状態）。

15 表に返してすべり目1目、表目16目を編む。次の目の根元に巻いた糸2本に手前から針を入れて引き上げ、左の1目を通り越して針にかける。

16 左針の1目と15でかけた2本に右から針を入れて一度に編む。

17 糸を手前にして次の目をすべり目する。

18 裏に返してすべり目1目、裏目17目を編む。次の目の根元に巻いた糸の向こう側から針を入れて引き上げる。

19 18で引き上げた糸を左の1目を通り越して針にかけて、一度に編む。糸を向こう側にして、次の目をすべり目する。

20 赤字部分を1目ずつ増やしながら、編み目が32目に戻るまで15〜19を繰り返す（最後の2段は、編み終わりのすべり目はしない）。

21 休めていたA針の糸bで、B針の目を1段表目に編む（19段目）。

📖 履き口までを編む

1 A針、B針とも各32目、合計64目を52段わに編む。A針が甲側、B針が底側になる。

穴があきそうなときは

A針から続けて編むときに穴が大きくあきそうな場合は、A針の目とB針の目の間の渡り糸をすくって左針にかけ、B針の1目めと2目一度に編むと、穴が目立たなくなる。

📖 履き口を編む

1 糸aに替えてメリヤス編みを1段編み、2段めからねじり1目ゴム編み（P95）を編む。裏目1目を編み、表目は向こう側の半目に針を入れてねじり目（P91）を編む。

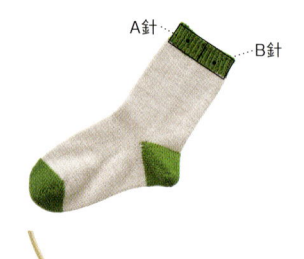

2 裏目、ねじり目を繰り返してねじり1目ゴム編みを編む。

3 ねじり1目ゴム編みを10段編む。

📖 Jeny式伏せ止めで目を止める

※Jeny式伏せ止めはP94参照。わかりやすくするため、伏せ止めの糸の色を替えています

1 1目めを裏目に編み、<u>糸を手前からすくって針にかける</u>（次の目が表目のときはこのかけ方で）。

2 次の目を表目に編む。

3 2、1の目に左針を通し、3の目にかぶせる。

4 1目を止めたところ。

5 <u>糸を向こう側からすくって針にかけ</u>、次の目を裏目に編む（次の目が裏目のときはこのかけ方で）。

6 5の目に、4、3の目をかぶせる。

7 2目めを止めたところ。

8 糸を手前からすくい、1〜7を繰り返して目を止める。

9 上から見ると鎖目ができる。

10 最後は糸を引き抜いてとじ針に通し、最初の1目めに通す。

11 最後の目に糸を通してループにし、でき上がり。糸端は編み地に通して処理する。

Jeny式伏せ止めとは…
JSSBO

アメリカのJeny Staimanさんが編み出した止め方の手法のひとつ（Jeny's Surprisingly Stretchy Bind Off）で、とじ針を使わずに目を止められます。従来の伏せ止めよりも伸縮性があるので、履き口などにはぴったり。

※目の止め方は縫い止め(P19)、Jeny式伏せ止めのどちらでもお好みの方法でOKです

> **おさらい**

P67〜73のプロセスをチャートにまとめました。このチャートや図を見ながらおさらいしてみましょう。

※つま先はA針のみ、かかとはB針のみ、それ以外はA針、B針交互に編む

		A針	目数	B針	目数	総目数
	作り目	別糸で作る作り目から糸aで32目拾う	32			
準備の段	1段め	裏目で編む				
つま先 (甲側) (糸a)	1段め	表目を31目編み、糸を手前にして1目すべり目→裏に返す				
	2段め	①〈すべり目1目、裏目30目、糸を向こうにして1目すべり目→表に返す〉				
	3段め	②〈すべり目1目、表目29目、糸を手前にして1目すべり目→裏に返す〉				
	4段め〜18段め	①、②の2段1セットで赤字部分を1目ずつ減らしながら両端のすべり目が9目ずつになるまで往復に編む(最後の9目めは表に返して1目すべり目)				
つま先 (底側) (糸a)	1段め	表目14目を編み、次の目と根元の糸を一度に編む。糸を手前にして1目すべり目→裏に返す				
	2段め	すべり目1目、裏目15目、次の目と根元の糸を一度に編む。糸を向こうにして1目すべり目→表に返す				
	3段め	③〈すべり目1目、表目16目、次の目と根元の糸2本を一度に編む。糸を手前にして1目すべり目→裏に返す〉				
	4段め	④〈すべり目1目、裏目17目、次の目と根元の糸2本を一度に編む。糸を向こうにして1目すべり目→表に返す〉				
	5段め〜18段め	③、④の2段1セットで赤字部分を1目ずつ増やしながら、往復に編む(17段めの最後、18段めはすべり目なし)		つま先が編み終わったら、別糸をほどいて32目拾う	32	64
甲まわり(糸b)	1段め〜50段め	糸bで増減なしのメリヤス編みをわに編む	32	メリヤス編みを続けてわに編む	32	64
かかと (底側) (糸a)	1段め	すべて表目に編む(糸b)	32	表目を31目編み、糸を手前にして1目すべり目→裏に返す	32	64
	2段め	ここから目を休める(B針のみで編む)		⑤〈すべり目1目、裏目30目、糸を向こうにして1目すべり目→表に返す〉		
	3段め			⑥〈すべり目1目、表目29目、糸を手前にして1目すべり目→裏に返す〉		
	4段め〜18段め			⑤、⑥の2段1セットで赤字部分を1目ずつ減らしながら両端のすべり目が9目ずつになるまで往復に編む(最後の9目めは表に返して1目すべり目)		
かかと (後ろ側) (糸a)	1段め			表目14目を編み、次の目と根元の糸を一度に編む。糸を手前にして1目すべり目→裏に返す		
	2段め			すべり目1目、裏目15目、次の目と根元の糸を一度に編む。糸を向こうにして1目すべり目→表に返す		
	3段め			⑦〈すべり目1目、表目16目、次の目と根元の糸2本を一度に編む。糸を手前にして1目すべり目→裏に返す〉		
	4段め			⑧〈すべり目1目、裏目17目、次の目と根元の糸2本を一度に編む。糸を向こうにして1目すべり目→表に返す〉		
	5段め〜18段め			⑦、⑧の2段1セットで赤字部分を1目ずつ増やしながら、往復に編む(17段めの最後、18段めはすべり目なし)		
	19段め			休めていたA針の糸bで表目を編む	↓	↓
足首上(糸b)	1〜52段め	糸bで増減なしのメリヤス編みをわに編む	32	メリヤス編みを続けてわに編む	32	64
はき口 (糸a)	1段め	糸aですべて表目に編む	32	表目を続けてわに編む	32	64
	2〜11段め	ねじり1目ゴム編み(裏目1目、ねじり表目1目)を編む	32	ねじり1目ゴム編みを続けてわに編む	32	64
	目を止める	Jeny式伏せ止めで目を止める				64

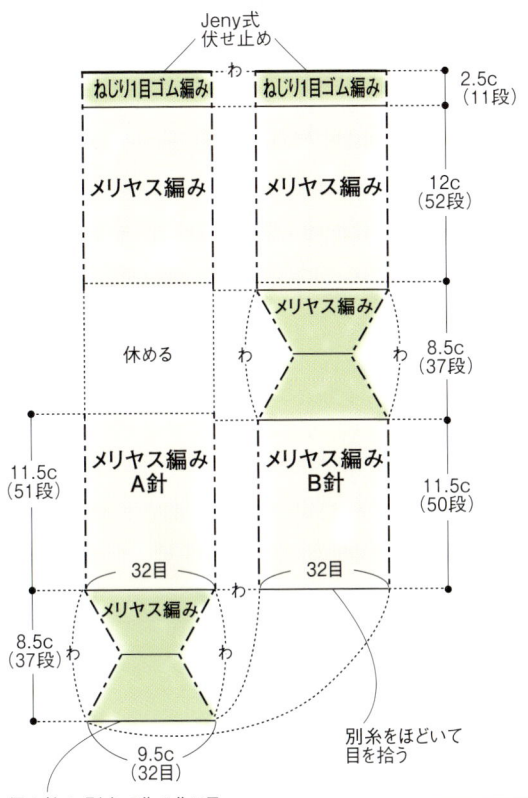

編み方のポイント
（糸は1本どりで編みます）

1. 別糸で作る作り目から糸aでA針に32目作り、裏目を1段編む。
2. ショートロウの編み方（チャート＆編み図参照）でつま先を36段編み、別糸をほどいてB針で32目拾う。
3. 糸bに替えて、A針、B針続けて増減なしのメリヤス編みを50段わに編む。
4. A針は糸bでメリヤス編みを1段編み、そのまま糸を切らずに休める。糸aに替えて、B針でつま先同様のショートロウでかかとを36段編む。休めていた糸bに替えて、37段めを編む。
5. 続けて増減なしのメリヤス編みを52段わに編む。
6. 糸aに替えて1段表目を編み、2段めからねじり1目ゴム編みで11段めまで履き口を編む。Jeny式伏せ止めで目を止める。

※c＝cm

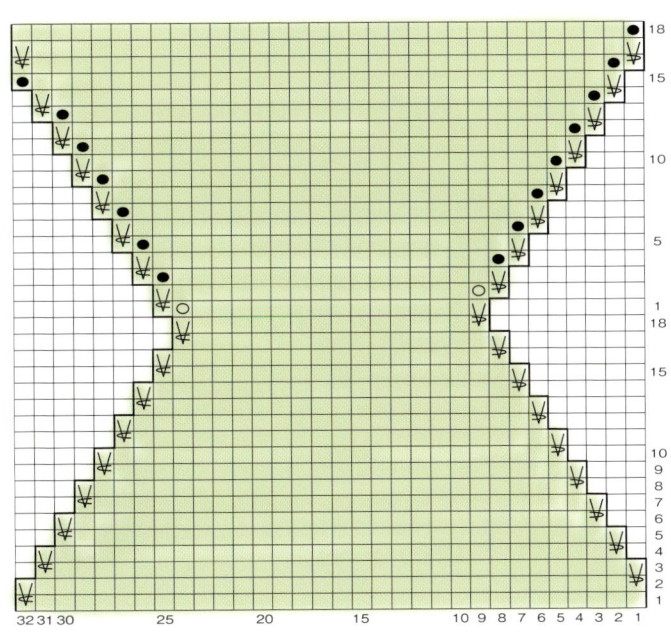

サイズ調整のこと…P11
仕上げのこと…P64
をご覧ください！

[つま先・かかとの ショートロウ編み図]

⌄ ＝糸を手前にしてすべり目（表の段）
⌄ ＝糸を向こうにしてすべり目（裏の段）
＝ 表目
○＝根元に巻いた糸を引き上げて一度に編む
●＝根元に巻いた糸2本を引き上げて一度に編む

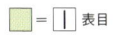

※編み目記号の見方はP91

Step02 variation

「ショートロウつま先 ＋かかと」の くつ下バリエーション

レディース　　　　メンズ

k

ビビッドな色のボーダーくつ下
➡ **P78**

Step 02でレッスンしたショートロウの編み方でアレンジしたくつ下です。
お好みの色で楽しんでみてください。

77

l

枝模様の透かし編みくつ下
➡ P82

m

糸違いの色切り替えくつ下
➡ P86

k

ビビッドな色のボーダーくつ下

ピンク、オレンジ、赤！ 色の組み合わせが楽しいボーダーのくつ下です。
プレーンなコーディネイトのポイントに合わせてみて。

編み方 ➡ **P80**　使用糸：コロポックル

ニットスカート、レギンス／ともにVlas Blomme目黒店

{ メンズ用はクールな色合わせで }

色違いの糸で編んだ大きめサイズ。おそろいで編んでみても！

編み方 ➡ **P80**　使用糸：コロポックル

ビビッドな色のボーダーくつ下

P78-79

A レディース　B メンズ

材料

A すべてコロポックル　糸a:col.19（ピンク）20g、糸b:col.7（赤）20g、糸c:col.6（オレンジ色）15g、糸d:col.14（グレー）15g、別糸少々

B すべてコロポックル　糸a:col.9（紫）25g、糸b:col.20（青）20g、糸c:col.12（グリーン）15g、糸d:col.14（グレー）15g、別糸少々

用具

A 輪針2.5mm（40cm以上）2本、3/0号かぎ針、とじ針
B 輪針2.75mm（40cm以上）2本、3/0号かぎ針、とじ針

ゲージ

A メリヤス編み10cm角＝34目×44段
B メリヤス編み10cm角＝32目×42段

仕上がりサイズ

A 甲まわり19×長さ21～22×丈17cm
B 甲まわり20×長さ25～26×丈20cm

編み方のポイント　※糸は1本どりで編みます

1. 別糸で作る作り目から糸a、A針に32目拾い、裏編みを1段編む。
2. ショートロウの編み方（編み図P75）でつま先を36段編み、別糸をほどいてB針に32目拾う。
3. A針、B針続けて、配色表の通りに増減なしのメリヤス編みをAは55段、Bは65段わに編む。
4. A針でメリヤス編みを1段（Aは糸d、Bは糸b）編み、そのまま糸を切らずに休める。続けて糸a、B針で、つま先同様のショートロウでかかとを36段編む。休めていた糸に替えて、37段めを編む
5. 続けて増減なしのメリヤス編みを配色表のとおりに、Aは44段、Bは54段わに編む。
6. 糸aに替えて1段表目に編み、2段めからねじり1目ゴム編みでABとも10段履き口を編む。縫い止め、またはJeny式伏せ止めで止める。

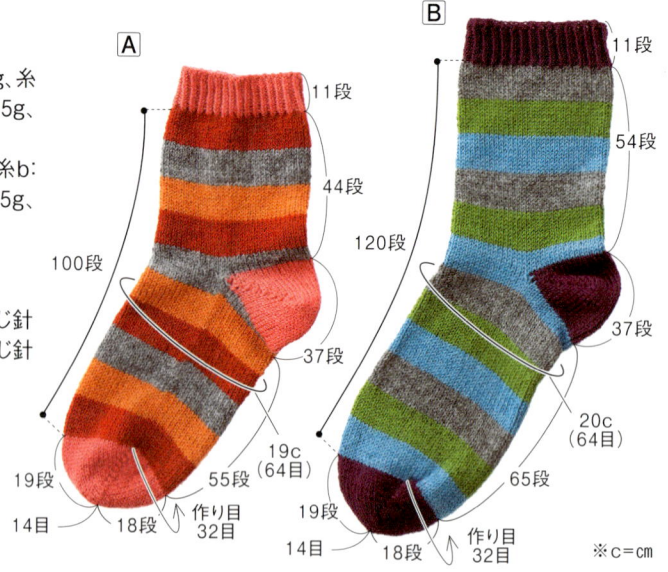

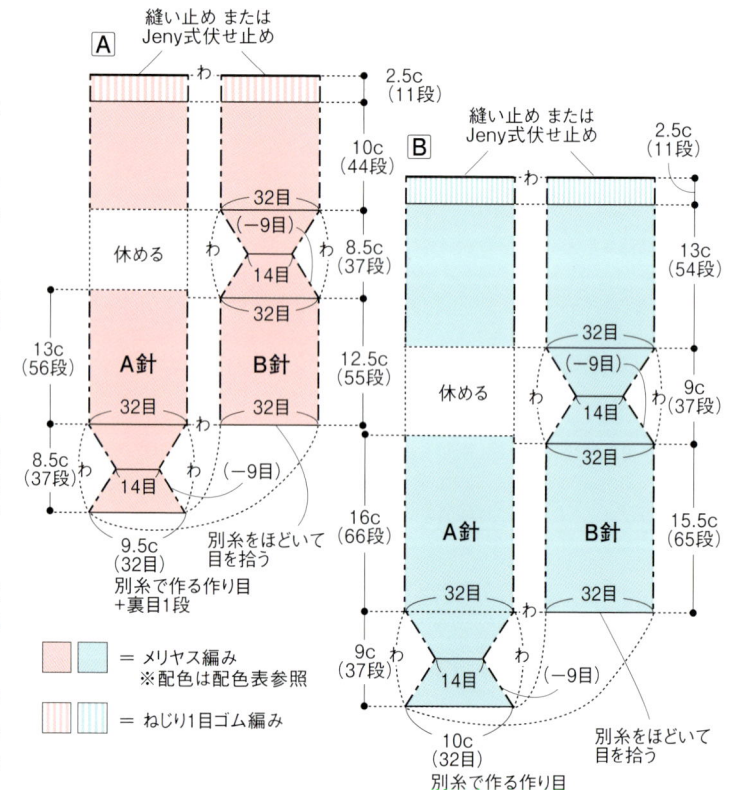

[配色表]

作り目〜つま先	すべて		Ⓐ レディース	Ⓑ メンズ
作り目〜つま先	すべて		a	a
甲まわり	1〜10段め		b	b
甲まわり	11〜20段め		c	c
甲まわり	21〜30段め		d	d
甲まわり	31〜40段め		b	b
甲まわり	41〜50段め		c	c
甲まわり	51〜55段め		d	
甲まわり	55〜60段め			d

		Ⓐ レディース	Ⓑ メンズ
甲まわり	60〜65段め		b
かかと	すべて	a	a
足首上	1〜4段め	d	b
足首上	5〜14段め	b	c
足首上	15〜24段め	c	d
足首上	25〜34段め	d	b
足首上	35〜44段め	b	c
足首上	45〜54段め		d
履き口	すべて	a	a

[編み方チャート]

青字部分＝Ⓑメンズ　つま先はA針のみ、かかとはB針のみの往復で編む。それ以外はA針、B針交互に編む

		A針	目数	B針	目数	総目数
	作り目	別糸で作る作り目から糸aで32目拾う	32			
	1段め	裏目で編む				
つま先（甲側）（糸a）	1段め	表目を31目編み、糸を手前にして1目すべり目→裏に返す				
つま先（甲側）（糸a）	2段め	①〈すべり目1目、裏目30目、糸を向こう側にして1目すべり目→表に返す〉				
つま先（甲側）（糸a）	3段め	②〈すべり目1目、表目29目、糸を手前にして1目すべり目→裏に返す〉				
つま先（甲側）（糸a）	4段め〜18段め	①、②の2段1セットで赤字部分を1目ずつ減らしながら両端のすべり目が9目ずつになるまで往復に編む（最後の9目は表に返して1目すべり目）				
つま先（底側）（糸a）	1段め	表目14目を編み、次の目と根元の糸を2目一度、糸を手前にして1目すべり目→裏に返す				
つま先（底側）（糸a）	2段め	すべり目1目、裏目15目、次の目と根元の糸を2目一度、糸を向こう側にして1目すべり目→表に返す				
つま先（底側）（糸a）	3段め	③〈すべり目1目、表目16目、次の目と根元の糸2本を3目一度、糸を手前にして1目すべり目→裏に返す〉				
つま先（底側）（糸a）	4段め	④〈すべり目1目、裏目17目、次の目と根元の糸2本を3目一度、糸を向こう側にして1目すべり目→表に返す〉				
つま先（底側）（糸a）	5段め〜18段め	③、④の2段1セットで赤字部分を1目ずつ増やしながら、往復に編む（17段めの最後、18段めはすべり目なし）		別糸をほどいて32目拾う	32	64
甲まわり（糸b、c、d）	1段め〜55段（65段）め	配色表の通り、増減なしのメリヤス編みをわに編む		メリヤス編みを続けてわに編む		
かかと（底側）（糸a）	1段め	糸aで表目を31目編み、糸を手前にして1目すべり目→裏に返す	32	糸aで表目を31目編み、糸を手前にして1目すべり目→裏に返す	32	64
かかと（底側）（糸a）	2段め	ここから目を休める（B針のみで編む）		⑤〈すべり目1目、裏目30目、糸を向こう側にして1目すべり目→表に返す〉		
かかと（底側）（糸a）	3段め			⑥〈すべり目1目、表目29目、糸を手前にして1目すべり目→裏に返す〉		
かかと（底側）（糸a）	4段め〜18段め			⑤、⑥の2段1セットで赤字部分を1目ずつ減らしながら、両端のすべり目が9目ずつになるまで往復に編む（最後の9目は表に返して1目すべり目）		
かかと（後ろ側）（糸a）	1段め			表目14目を編み、次の目と根元の糸を2目一度、糸を手前にして1目すべり目→裏に返す		
かかと（後ろ側）（糸a）	2段め			すべり目1目、裏目15目、次の目と根元の糸を2目一度、糸を向こう側にして1目すべり目→表に返す		
かかと（後ろ側）（糸a）	3段め			⑦〈すべり目1目、表目16目、次の目と根元の糸2本を3目一度、糸を手前にして1目すべり目→裏に返す〉		
かかと（後ろ側）（糸a）	4段め			⑧〈すべり目1目、裏目17目、次の目と根元の糸2本を3目一度、糸を向こう側にして1目すべり目→表に返す〉		
かかと（後ろ側）（糸a）	5段め〜18段め			⑦、⑧の2段1セットで赤字部分を1目ずつ増やしながら、往復に編む（17段めの最後、18段めはすべり目なし）		
（糸d）（糸b）	19段め			表に返して、A針に休めていた糸（Ⓐ:糸d Ⓑ:糸b）に替えて表目を編む		
足首上（糸b、c、d）	1段め〜4段め	糸d（糸b）で続けて増減なしのメリヤス編みをわに編む	32	メリヤス編みを続けてわに編む	32	64
足首上（糸b、c、d）	5段め〜44段（54段）め	配色表の通り、増減なしのメリヤス編みをわに編む	32	メリヤス編みを続けてわに編む	32	64
履き口（糸a）	1段め	すべて表目に編む	32	表目を続けてわに編む	32	64
履き口（糸a）	2段め〜11段め	糸aでねじり1目ゴム編み（裏目1目、ねじり表目1目）を編む	32	ねじり1目ゴム編みを続けてわに編む	32	64
	目を止める	縫い止め、またはJeny式伏せ止めで目を止める				64

枝模様の透かし編みくつ下

両サイドに透かし模様をあしらったくつ下です。レーシーな編み地ですが、使う色次第で渋いイメージにも。お好みの色でアレンジしてみて。

編み方 ➡ **P84**　使用糸：コロポックル

大切に履きたい1足になりそう☆

ニット、パンツ／ともにdoux bleu吉祥寺店　サンダル／ビルケンシュトック

枝模様の透かし編みくつ下

P82-83

材料
コロポックル col.12（グリーン）70g

用具
輪針2.5mm（40cm以上）2本、3/0号かぎ針、とじ針

ゲージ
メリヤス編み10cm角＝34目×44段

仕上がりサイズ
甲まわり18×長さ21～22×丈17cm

編み方のポイント ※糸は1本どりで編みます

1. Judy式作り目で28目作り、増し目しながら18段つま先を編む。
2. A針、B針ともに、表目15目、右上2目一度、表目15目を編み、目数を31目ずつにする。
3. A針（甲側）は模様編みⒶ、B針（底側）は模様編みⒷで編む。55段増減なしで甲まわりをわに編む。
4. A針は続けて模様編みを1段編み、そのまま糸を切らずに休める。続けてB針、ショートロウ（編み図P75）でかかとを37段編む。
5. 続けてA針、B針で模様編みⒶを40段わに（A針側は休める前の模様編みに続けて）編む。
6. ねじり1目ゴム編みで11段まで履き口をわに編み、縫い止め、またはJeny式伏せ止めで目を止める。

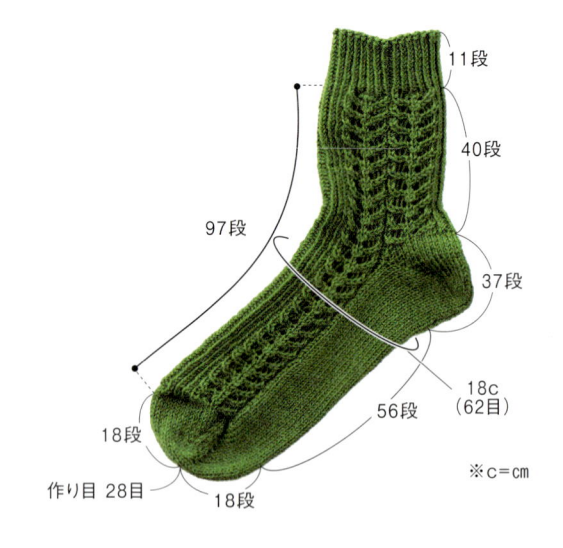

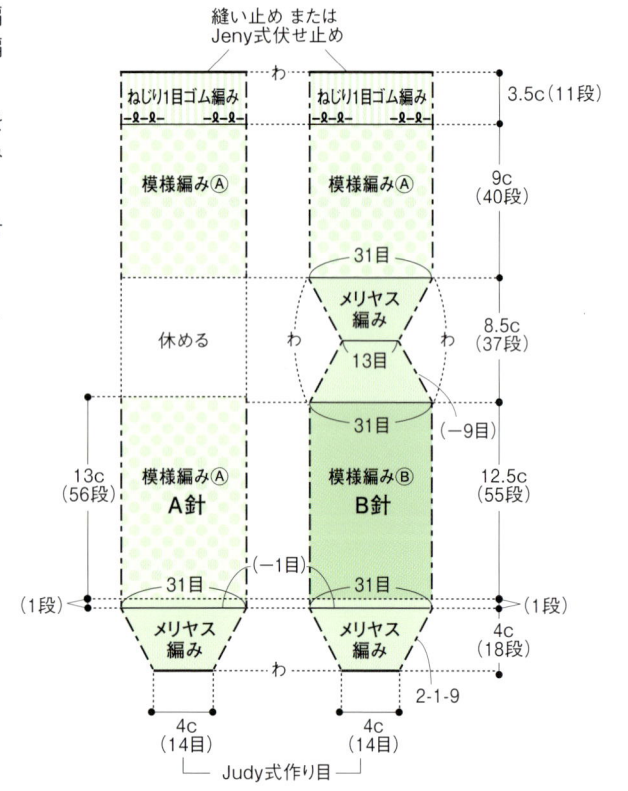

[模様編みⓐ] 31目4段=1模様 　　　　　　　　　　　　　　　　　　　　■ = │ 表目
※編み目記号の見方はP91、92

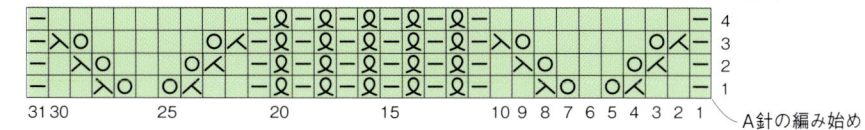

(編み図チャート 模様編みⓐ: 31目、4段=1模様。A針の編み始め)

[模様編みⓑ] 31目1段=1模様

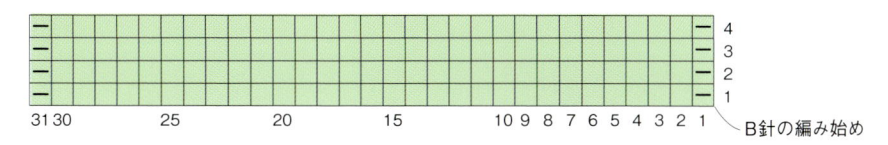

(編み図チャート 模様編みⓑ: 31目。B針の編み始め)

[編み方チャート] かかとはB針で往復に編む。それ以外はA針、B針交互に編む

		A針	目数	B針	目数	総目数
	作り目	Judy式作り目で14目	14	Judy式作り目で14目	14	28
つま先	1段め	①〈すべて表目〉	14	A針と同じ内容を、続けてわに編む	14	28
	2段め	②〈表目1目、右増し目、最後の1目手前まで表目、左増し目、表目1目〉	16		16	32
	3段め〜18段め	①、②の2段1セットを8回繰り返す	16〜32		16〜32	32〜64
	準備の段	表目15目、右上2目一度、表目15目を編む	31	A針と同じ内容を、続けてわに編む	31	62
甲まわり	1段め〜55段め	増減なしで模様編みⓐを編む	↓31	増減なしで模様編みⓑを編む	↓31	↓62
かかと（底側）	1段め	甲まわりに続けて模様編みⓐを編む	31	裏目1目、表目29目を編み、糸を手前にして1目すべり目→裏に返す	31	62
	2段め	ここから目を休める（B針のみで編む）		③〈すべり目1目、裏目29目、糸を向こう側にして1目すべり目→表に返す〉		
	3段め			④〈すべり目1目、表目28目、糸を手前にして1目すべり目→裏に返す〉		
	4段め〜18段め			③、④の2段1セットで赤字部分を1目ずつ減らしながら、両端のすべり目が9目ずつになるまで往復に編む（最後の9目は表に返して1目すべり目）		
かかと（後ろ側）	1段め			表目13目を編み、次の目と根元の糸を2目一度、糸を手前にして1目すべり目→裏に返す		
	2段め			すべり目1目、裏目14目、次の目と根元の糸を2目一度、糸を向こう側にして1目すべり目→表に返す		
	3段め			⑤〈すべり目1目、表目15目、次の目と根元の糸2本を3目一度、糸を手前にして1目すべり目→裏に返す〉		
	4段め			⑥〈すべり目1目、裏目16目、次の目と根元の糸2本を3目一度、糸を向こう側にして1目すべり目→表に返す〉		
	5段め〜18段め			⑤、⑥の2段1セットで赤字部分を1目ずつ増やしながら、往復に編む		
	19段め			表に返して、裏目1目、表目29目、裏目1目を編む	↓	↓
足首上	1段め〜40段め	休める前に続けて模様編みⓐを編む	31	模様編みⓐを続けてわに編む	31	62
履き口	1段め〜11段め	両端を裏目にしながら、ねじり1目ゴム編み（裏目1目、ねじり表目1目）を編む	31	A針と同じ内容を、続けてわに編む	31	62
	目を止める	縫い止め、またはJeny式伏せ止めで目を止める				62

糸違いの色切り替えくつ下

編み方や目数段数は同じで、糸違いで2バージョン。
こちらは編むと自然にボーダーになる糸と単色糸の組み合わせです。

編み方 → **P88**　使用糸：ナイフメーラ、コロポックル。

ワンピース、ロングカーディガン／ともにVlas Blomme目黒店

{ グラデーションがきれい！ }

こちらはグラデーション糸と単色糸の組み合わせ。
色の組み合わせでいろいろ遊べそう！

編み方 ➡ **P88**
使用糸：コロポックル、コロポックル〈マルチカラー〉

糸違いの色切り替えくつ下

P86-87

Ⓐ ターコイズ×パステルミックス　Ⓑ 紫×ブルーミックス

材料

Ⓐ 糸a：コロポックル col.20（ターコイズ）15g
　糸b：ナイフメーラ col.612（パステルミックス）25g、別糸少々

Ⓑ 糸a：コロポックル col.9（紫）25g
　糸b：コロポックル〈マルチカラー〉col.106（青系）50g、別糸少々

用具（ⒶⒷ共通）

輪針2.5mm（40cm以上）2本、3/0号かぎ針、とじ針

ゲージ（ⒶⒷ共通）

メリヤス編み10cm角＝34目×44段

仕上がりサイズ

Ⓐ 甲まわり19×長さ21.5～22.5×丈13cm
Ⓑ 甲まわり19×長さ21.5～22.5×丈14cm

編み方のポイント　※糸は1本どりで編みます

1　別糸で作る作り目から糸a、A針に32目拾い、裏編みを1段編む。

2　ショートロウの編み方（編み図P75）でつま先を36段編み、別糸をほどいてB針に32目拾う。

3　糸bに替えて、A針、B針続けて増減なしのメリヤス編みで56段甲まわりをわに編む。

4　A針は糸bでメリヤス編みを1段編み、そのまま糸を切らずに休める。続けて糸aに替えて、B針でつま先同様のショートロウでかかとを36段編む。休めていた糸bに替えて、37段めを編む。

5　続けて増減なしのメリヤス編みを28段わに編む。

6　Ⓐは糸aに替えて1段表目に編み、2段めから2目ゴム編みで9段めまで履き口を編む。
Ⓑは糸bのまま2目ゴム編みを12段編み、糸aに替えてもう1段2目ゴム編みを編む。縫い止め、またはJeny式伏せ止めで目を止める。

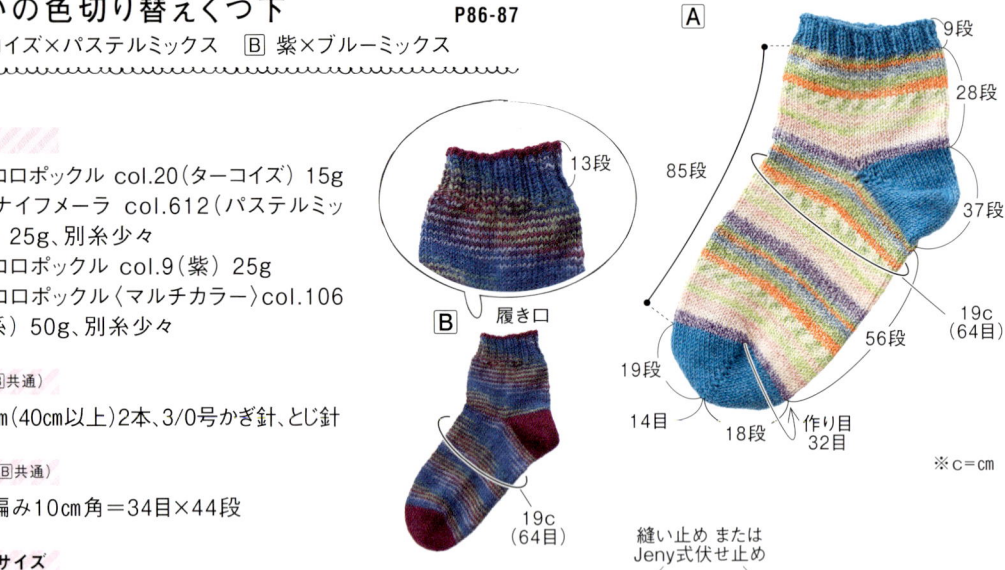

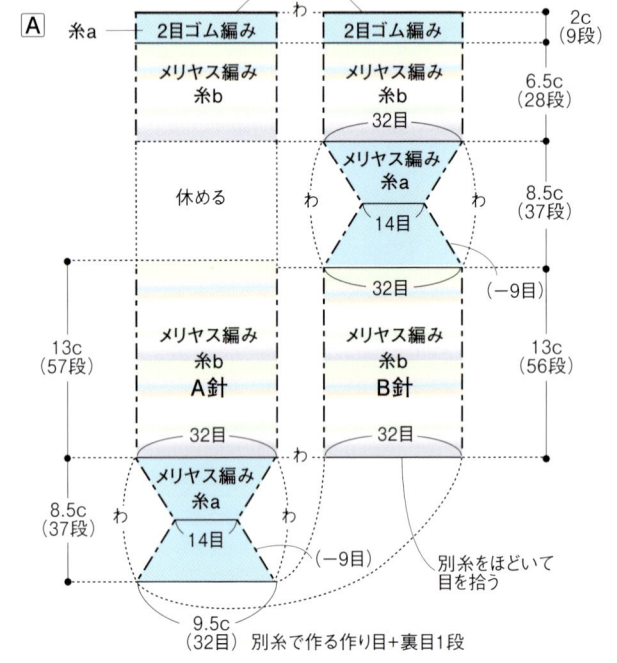

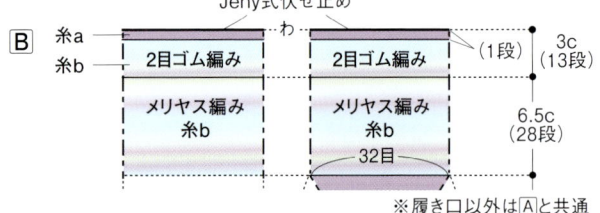

[編み方チャート]

青字部分＝Bのみ　つま先はA針のみ、かかとはB針のみで往復に編む。それ以外はA針、B針交互に編む

		A針	目数	B針	目数	総目数
	作り目	別糸で作る作り目から糸aで32目拾う	32			
	1段め	裏目で編む				
つま先（甲側）（糸a）	1段め	表目を31目編み、糸を手前にして1目すべり目→裏に返す				
	2段め	①〈すべり目1目、裏目30目、糸を向こう側にして1目すべり目→表に返す〉				
	3段め	②〈すべり目1目、表目29目、糸を手前にして1目すべり目→裏に返す〉				
	4段め～18段め	①、②の2段1セットで赤字部分を1目ずつ減らしながら両端のすべり目が9目ずつになるまで往復に編む（最後の9目は表に返して1目すべり目）				
つま先（底側）（糸a）	1段め	表目14目を編み、次の目と根元の糸を2目一度、糸を手前にして1目すべり目→裏に返す				
	2段め	すべり目1目、裏目15目、次の目と根元の糸を2目一度、糸を向こう側にして1目すべり目→表に返す				
	3段め	③〈すべり目1目、表目16目、次の目と根元の糸2本を3目一度、糸を手前にして1目すべり目→裏に返す〉				
	4段め	④〈すべり目1目、裏目17目、次の目と根元の糸2本を3目一度、糸を向こう側にして1目すべり目→表に返す〉				
	5段め～18段め	③、④の2段1セットで赤字部分を1目ずつ増やしながら、往復に編む（17段めの最後、18段めはすべり目なし）	32	別糸をほどいて32目拾う	32	64
甲まわり（糸b）	1段め～56段め	糸bに替えて増減なしのメリヤス編みをわに編む	32	メリヤス編みを続けてわに編む	32	64
かかと（底側）（糸a）	1段め	すべて表目に編む（糸b）	32	糸aで表目を31目編み、糸を手前にして1目すべり目→裏に返す	32	64
	2段め	ここから目を休める（B針のみで編む）		⑤〈すべり目1目、裏目30目、糸を向こう側にして1目すべり目→表に返す〉		
	3段め			⑥〈すべり目1目、表目29目、糸を手前にして1目すべり目→裏に返す〉		
	4段め～18段め			⑤、⑥の2段1セットで赤字部分を1目ずつ減らしながら両端のすべり目が9目ずつになるまで往復に編む（最後の9目は表に返して1目すべり目）		
かかと（後ろ側）（糸a）	1段め			表目14目を編み、次の目と根元の糸を2目一度、糸を手前にして1目すべり目→裏に返す		
	2段め			すべり目1目、裏目15目、次の目と根元の糸を2目一度、糸を向こう側にして1目すべり目→表に返す		
	3段め			⑦〈すべり目1目、表目16目、次の目と根元の糸2本を3目一度、糸を手前にして1目すべり目→裏に返す〉		
	4段め			⑧〈すべり目1目、裏目17目、次の目と根元の糸2本を3目一度、糸を向こう側にして1目すべり目→表に返す〉		
	5段め～18段め			⑦、⑧の2段1セットで赤字部分を1目ずつ増やしながら、往復に編む（17段めの最後、18段めはすべり目なし）		
（糸b）	19段め			表に返して、A針に休めていた糸bに替えて表目を1段編む。		
足首上（糸b）	1段め～28段め	糸bで増減なしのメリヤス編みをわに編む	32	メリヤス編みを続けてわに編む	32	64
A履き口（糸a）	1段め	糸aですべて表目に編む	32	表目を続けてわに編む	32	64
	2段め～9段め	糸aで2目ゴム編み（裏目2目、表目2目）を編む	32	2目ゴム編みを続けてわに編む	32	64
B履き口（糸a、b）	1段め～12段め	糸bで続けて2目ゴム編み（裏目2目、表目2目）を編む	32	2目ゴム編みを続けてわに編む	32	64
	13段め	糸aに変えて、続けて2目ゴム編みを編む	32	2目ゴム編みを続けてわに編む	32	64
	目を止める			縫い止め、またはJeny式伏せ止めで目を止める		64

棒針編みの基礎

作り目

Judy式作り目（Judy's Magic Cast-On）

輪針2本をそろえて、両針に交互に糸をかけながら作り目します。
糸端側は必要寸法の約3.5倍とって。プロセス2からは糸端側を左手の人差し指、糸玉側を親指にかけます。

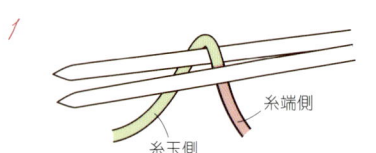

1 糸端側を手前にし、上の針に糸をかける。

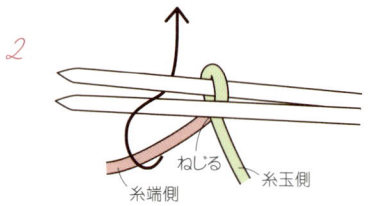

2 針の下で糸をねじり、糸端側を左手の人差し指、糸玉側を親指にかける。

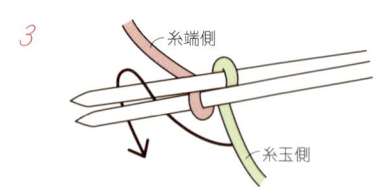

3 糸端側を下の針に下から1目かけて、2本の針の間を通して上の針の向こう側に出す。

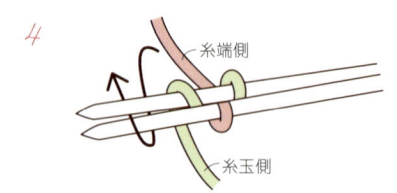

4 糸玉側を2本の針の間から出して、上の針に1目かける。糸は針の下で手前に戻す。

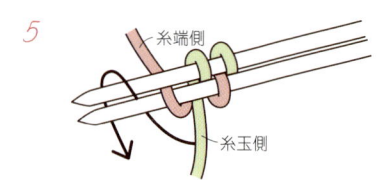

5 *3*を繰り返す。下の針にはつねに糸端側を針の下からかけて、2本の針の間を通す。

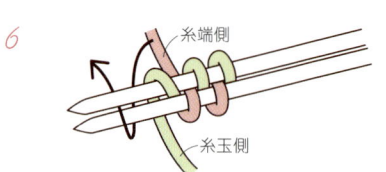

6 *4*を繰り返す。上の針には、つねに糸玉側を2本の針の間から出してかける。

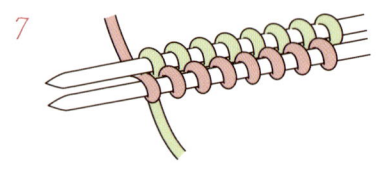

7 *3*〜*6*を繰り返して、両針に必要目数作る。

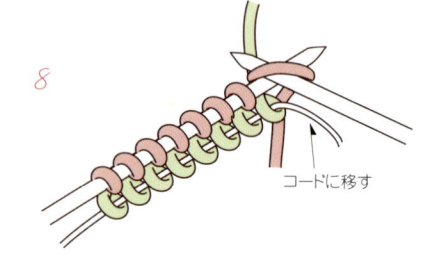

8 針の向きを反対に変えて、下の針を右に引いてコードに移す。上の針で1段表目を編む。

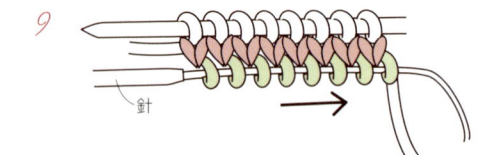

9 上の段が編み終わったら、*8*でコードに移した目を反対側の針に戻す。

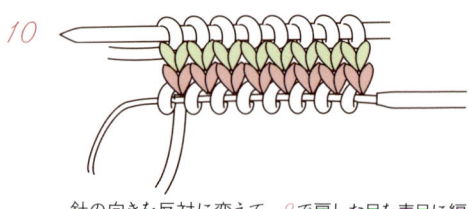

10 針の向きを反対に変えて、*9*で戻した目を表目に編み、両方の針の1段編み終わり。

別糸で作る作り目

別糸で鎖編みを編み、編み糸で裏山を拾いながら目を作る方法です。端にゴム編みなどをつける場合は、最後に別糸をほどいて反対方向に編み進みます。

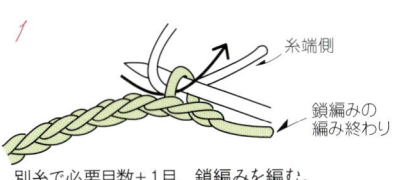

1 糸端側／鎖編みの編み終わり
別糸で必要目数+1目、鎖編みを編む。鎖編みの裏山をすくって編み糸を引き出す。

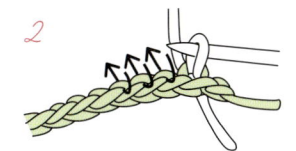

2 1目ずつ色を引き出す。糸はかぎ針で引き出して棒針にかけてもよい。

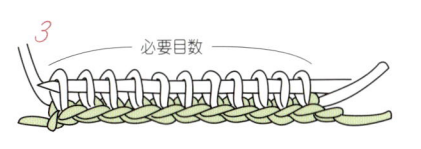

3 必要目数
1段めと数え、裏返して2段めを編む。

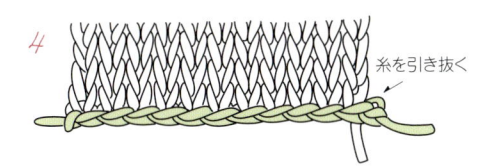

4 糸を引き抜く
あとでほどくときは、まず鎖編みの端の糸を引き抜く。

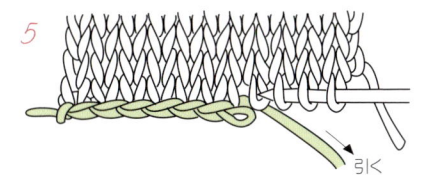

5 引く
作り目の鎖編みをほどきながら、下向きの目を針に取る。

編み目記号と編み方

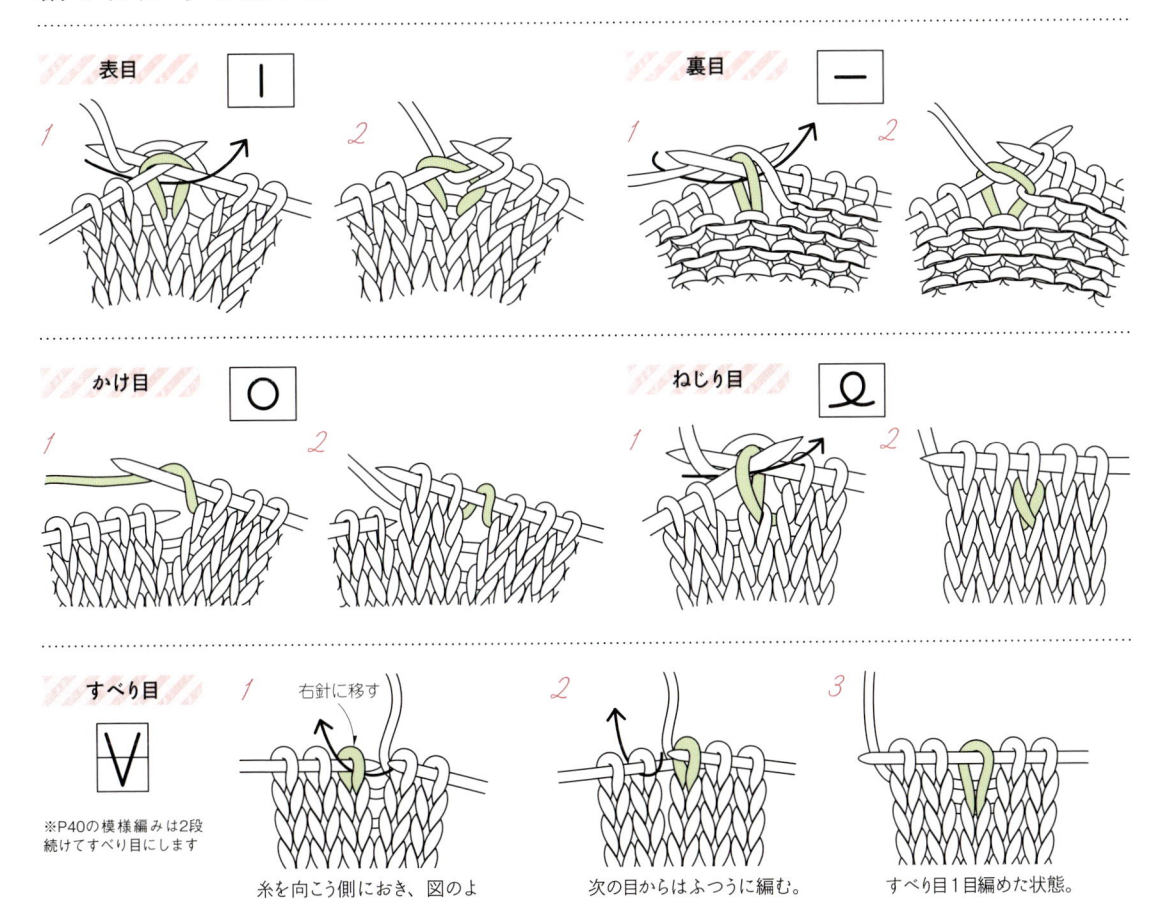

表目 ｜
裏目 −
かけ目 ○
ねじり目 ♀

すべり目 Ｖ
※P40の模様編みは2段続けてすべり目にします

1 右針に移す
糸を向こう側におき、図のように針を入れて編まずに右の針に移す。

2 次の目からはふつうに編む。

3 すべり目1目編めた状態。

右上2目一度

☒

1 右針に移す目 / 編む
2 かぶせる
3

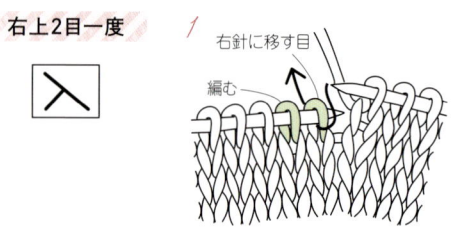

左の針の目を編まずに右の針に移し、次の目を表目に編む。

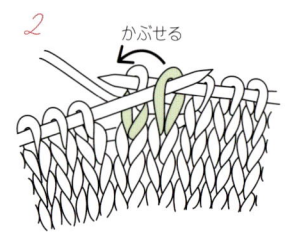

編まずに移した目を左の目にかぶせる。

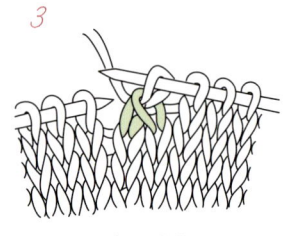

1目減った状態。

左上2目一度

☒

1
2
3

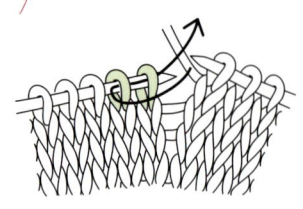

2目の左から矢印のように針を入れる。

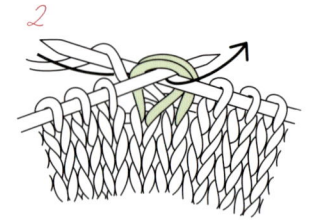

2目を一度に編む。

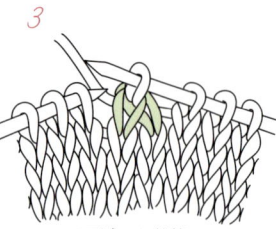

1目減った状態。

裏目左上2目一度

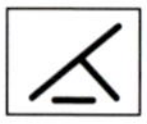

☒

1
2
3

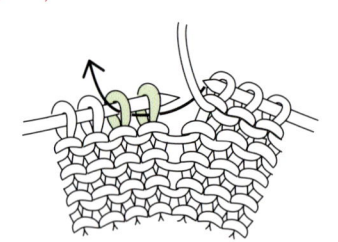

2目の右から矢印のように針を入れる。

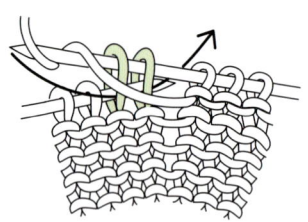

2目を一度に編む。

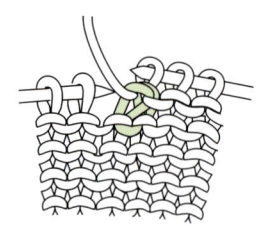

1目減った状態。

中上3目一度

☒

1 編まずに2目右針に移す
2
3 かぶせる
4

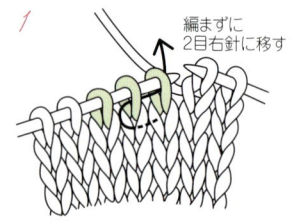

左の針の2目に矢印のように針を入れ、編まずに右の針に移す。

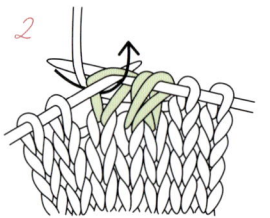

次の目を表目に編む。

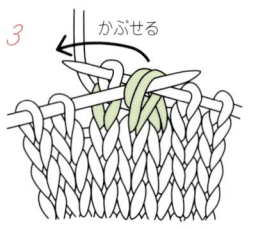

1で移した2目を編んだ目にかぶせる。

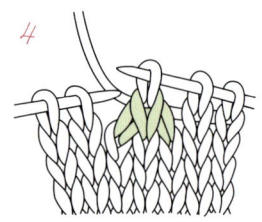

2目減った状態。

右増し目

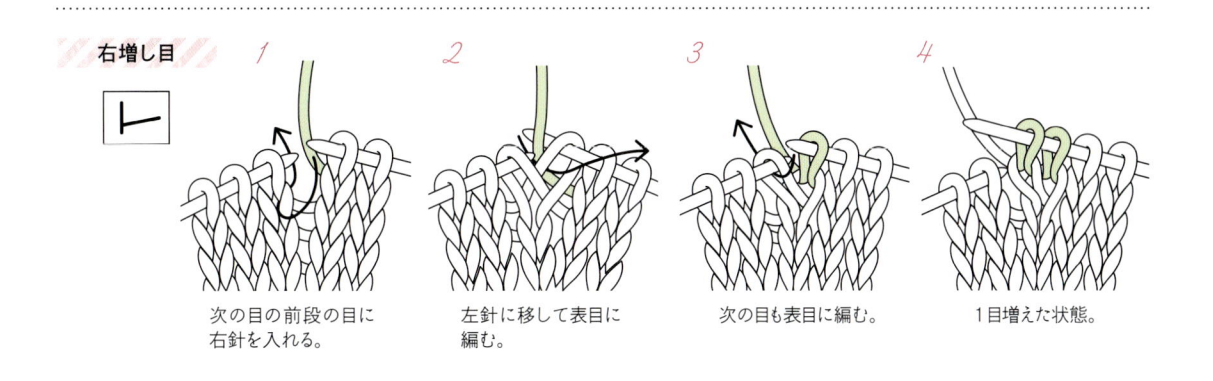

1. 次の目の前段の目に右針を入れる。
2. 左針に移して表目に編む。
3. 次の目も表目に編む。
4. 1目増えた状態。

左増し目

1.  編み終わった目の1段下の目に右針を入れる。
2. 左針に移して表目に編む。
3. 1目増えた状態。

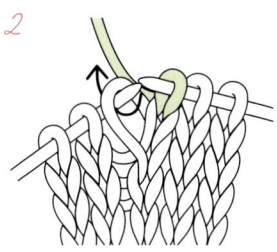

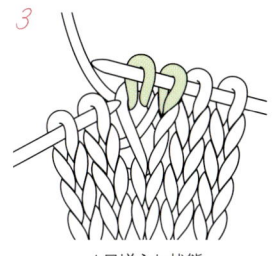

模様編みの糸の渡し方

横に渡す

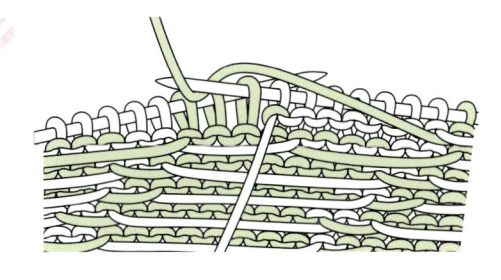

ベースの糸を休ませて配色糸で編み、裏側に糸を渡しながら模様を編む。裏の糸が図のように平らに渡るように編む。

目の止め方

伏せ止め(表目)

1. 端から2目を編む。
2. 右の目をかぶせる。(かぶせる)
3. 1、2を繰り返す。(引き抜いて締める)

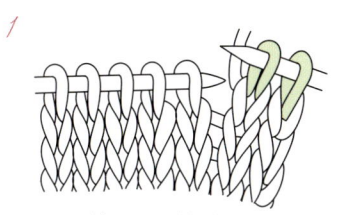

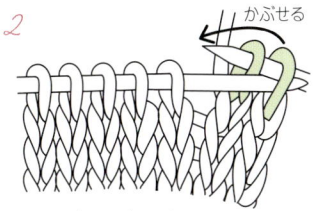

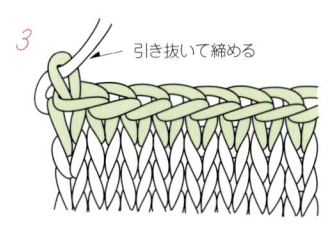

縫い止め（Sewn Bind Off）

1 止めたい長さの約3倍を残して糸を切り、とじ針に通す。1、2の2目に針を通して引き出す。

2 1の目に左からとじ針を通して引き抜く。

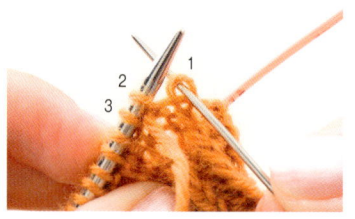

3 1の目を針からはずす。

4 2、3の目にとじ針を通して1〜3を繰り返す。これを最後の目まで繰り返す。

Jeny式伏せ止め（Jeny's Surprisingly Strechy Bind Off）

※裏目1目、表目1目のゴム編みの場合

1 1目めを裏目で編み、糸を手前からすくって針にかける（次の目が表目のときはこのかけ方で）。

2 次の目を表目で編む。

3 2、1の目に左針を通し、3の目にかぶせる。

4 かぶせたところ。

5 糸を向こう側からすくって針にかける（次の目が裏目のときはこのかけ方で）。

6 次の目を裏目に編む。

7 4、3の目に左針を通し、5の目にかぶせる。

8 かぶせたところ。1〜7を繰り返して目を止める。

基本的な編み地

表編みと裏編みの組み合わせでできる基本的な編み方のうち、この本で使うのは下の5種類。編み図は表から見た記号です。
平編みの場合、偶数段は裏から戻って編むので、記号の反対に編みます。
輪編みの場合はいつも表側を見て編むので、毎段記号どおりに編みます。

メリヤス編み

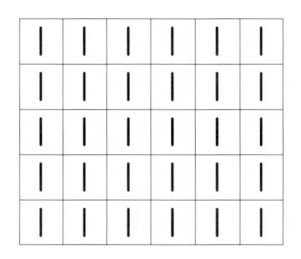

ガーター編み

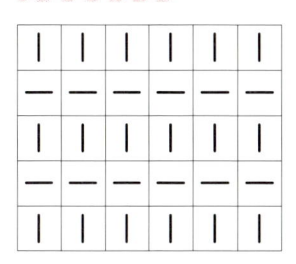

かのこ編み

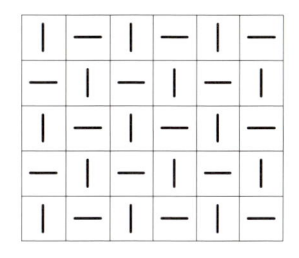

ねじり1目ゴム編み

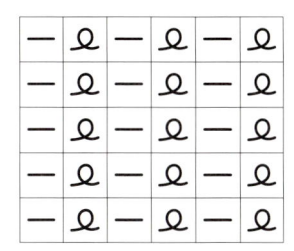

2目ゴム編み

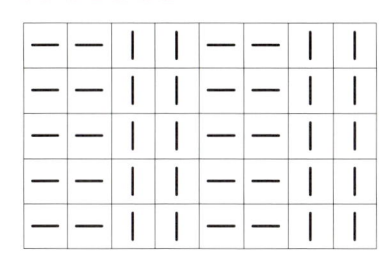

作品デザイン・制作

大内いづみ (Izumi Ouchi)

東京出身、上智大学卒。高校時代をバンクーバーで過ごす。2010年ニューヨークVogue Knittingのデザインコンテストでのファイナリスト入賞を機に、海外の編物雑誌や書籍に作品を提供するフリーデザイナーに。2012年に企画、主催したワークショップで(社)ホビー協会より「国際交流賞」を受賞。現在は、軽井沢で編物教室「I Knit Karuizawa」を主宰しながら、海外の技法や一本針、機械編みを駆使したデザインを発信中。
ホームページ
izumiknittingdesign.jimdo.com

Staff
撮影…南雲保夫
スタイリング…石井あすか
ヘア&メイク…後藤いくみ
モデル…余美宝(Gunn's)
ブックデザイン…門松清香(杉山デザイン)
製版…山口裕子　守 真樹(株式会社レシピア)
イラスト…石山綾子(P64〜65)
構成・編集…坂本典子(シェルト*ゴ)
作品制作協力…小川容子　菅野さやか　桜井弘美
　　　　　　　松木平有紀　山本敦子

素材協力
ハマナカ株式会社
【京都本社】
〒616-8585
京都市右京区花園薮ノ下町2番地の3
Tel. 075-463-5151(代)　Fax. 075-463-5159
【東京支店】
〒103-0007
東京都中央区日本橋浜町1丁目11番10号
Tel. 03-3864-5151(代)　Fax. 03-3864-5150

内藤商事株式会社
〒124-0012
東京都葛飾区立石8丁目43番13号 クラフトセンター
Tel.03-5671-7110　Fax. 03-3694-7168

近畿編針株式会社 通信販売グループ
(竹あみ針と手芸用品のお店 趣芸)
〒630-0101
奈良県生駒市高山町4368番地
Tel. 0743-78-1119　Fax. 0743-78-1181

撮影協力
AWABEES
東京都渋谷区千駄ヶ谷3丁目50番11号
明星ビル5F
Tel. 03-5786-1600

CLASKA Gallery & Shop"DO"本店
東京都目黒区中央町1丁目3番18号
クラスカ2F
Tel. 03-3719-8124

doux bleu吉祥寺店
東京都武蔵野市吉祥寺本町2丁目18番1号
武蔵野カントリーハイツ103
Tel. 0422-27-6568

Vlas Blomme目黒店
東京都目黒区目黒本町2丁目15番2号
Tel. 03-5724-3719

YARRA吉祥寺店
東京都武蔵野市吉祥寺本町2丁目18番1号
武蔵野カントリーハイツ105
Tel. 0422-27-6446

ビルケンシュトック原宿
東京都渋谷区神宮前6丁目30番2号
harajuku g-flat 1-2F
Tel. 03-6433-5339

本書の内容に関するお問い合わせは、書名、発行年月日、該当ページを明記の上、書面、FAX、お問い合わせフォームにて、当社編集部宛にお送りください。電話によるお問い合わせはお受けしておりません。
また、本書の範囲を超えるご質問等にもお答えできませんので、あらかじめご了承ください。
　FAX：03-3831-0902
　お問い合わせフォーム：http://www.shin-sei.co.jp/np/contact-form3.html

落丁・乱丁のあった場合は、送料当社負担でお取替えいたします。当社営業部宛にお送りください。
本書の複写、複製を希望される場合は、そのつど事前に、出版者著作権管理機構(電話：03-5244-5088、FAX：03-5244-5089、e-mail：info@jcopy.or.jp)の許諾を得てください。
JCOPY ＜出版者著作権管理機構 委託出版物＞

つま先から編む、かんたん、かわいいくつ下

著　者　　大内いづみ
発行者　　富永靖弘
印刷所　　株式会社新藤慶昌堂

発行所　東京都台東区　株式　新星出版社
　　　　台東2丁目24　会社
　　　　〒110-0016　☎03(3831)0743

Ⓒ Izumi Ouchi　　　　　　　　　Printed in Japan

ISBN978-4-405-07189-6